청소년 퍼실리테이션

인성

한국청소년인성진흥협의회

청소년 퍼실리테이션의 기본원칙

하나, 과정과 절차가 투명하다.
하나, 모두가 균등하게 참여한다.
하나, 아이디어의 익명성으로 자기 고집을 버린다.
하나, 다양한 견해, 서로 다른 관점이 발견된다.
하나, 소수의 의견도 살아남는다.
하나, 기존 사고 틀을 넘어 새로운 패턴을 발견할 수 있다.
하나, 집단적 실천의 우선순위에 합의할 수 있다.

청소년 퍼실리테이션이란?

한국청소년정책연구원과 한국교육개발원이 국제교육협의회(IEA)의 '국제 시민의식 교육 연구(ICCS)' 자료를 기초로 세계 36개국 청소년들의 '문화·사회·경제적으로 서로 다른 상대를 배려하며 조화롭게 살아가는 역량'을 분석한 결과, 우리나라 청소년들의 '사회적 상호작용 역량' 지표는 0.31점(1점 만점)으로 35위로서 최하위였습니다. 입시 지옥이라는 경쟁사회가 만들어낸 인성 부재의 대한민국 청소년들의 현주소입니다.

인성이 최고의 재산입니다. 사무엘 스마일즈는 그의 명저 「인격론」에서 "인격은 가장 고상한 재산이다. 성실, 감동, 지혜, 원칙, 칭찬, 예의, 근면, 선량, 도덕 등에 투자하는 사람은 존경과 명성이라는 보수를 틀림없이 받게 될 것"이라고 했습니다. 긍정심리 자본에 대해 처음으로 언급한 셀리그만은 우리 인간의 자본으로 '창의성, 호기심, 개방성, 학구열, 통찰, 용기, 인내, 진정성, 활력, 사랑, 친절, 사회성, 시민의식, 공정함, 지도력, 용서, 자비, 겸손, 신중함, 자기조절, 심미안, 감사, 희망, 유머, 영성, 자신감, 낙천성, 탄력성, 관계, 경험, 기술, 지식, 아이디어, 교육, 재정' 등을 말합니다.

한국청소년인성진흥협의회에서는 협의회의 목적인 청소년들의 인성진흥을 위해 다양한 방법을 시도했는데, 퍼실리테이션의 공감대화, 창의대화, 이미지 바꾸기 활동을 통해서 청소년들의 인성덕목의 여러 부분들에서 유의미한 향상이 이루어지는 것을 확인했습니다. 협의회에서는 청소년 퍼실리테이션을 청소년 인성의 진흥을 위한 주요 도구로 사용하기로 했습니다.

협의회의 협력기관인 (사)한국청소년봉사단연맹 인성센터에서 '공감과 소통의 퍼실리테이션 프로그램'이 12대 인성덕목(자기 존중, 성실, 배려, 소통, 사회적 책임, 예의, 자기조절, 정직, 용기, 지혜, 정의, 시민성 : 한국교육개발원)에 미치는 영향을 알아보기 위해 3년 동안(2016년~2018년) 고등학생 178명, 중학생 500명, 초등학생 1,000명을 대상으로 인성캠프, 진로캠프, 동아리 활동 등의 프로그램을 운영했습니다.

프로그램에 사용된 퍼실리테이션 도구는 공감대화, 창의대화, 이미지 바꾸기 3종류였습니다. 프로그램 실시 전후로 SPSS 22.0을 이용하여, 요인별 t-paired test를 실시한 결과 프로그램이 인성덕목의 하위 요인에 긍정적인 영향을 미치는 것으로 확인되었습니다.(안만호 외 4인, "공감과 소통의 퍼실리테이션 프로그램이 청소년의 리더십에 미치는 영향분석",(사)한국청소년봉사단연맹 인성센터, 2019).

따라서 12대 인성덕목을 향상시키기 위해 이 항목들을 이론으로 가르치기보다는, 청소년들의 삶의 4대 영역인 가정, 학교, 자아, 세상이라는 현장과 가장 밀접한 16개 주요 주제들을 공감대화, 창의대화, 이미지 바꾸기 활동을 통해 인성 12대 덕목을 향상시킬 수 있습니다. 나아가 청소년들이 21세기를 살아가는 데 필요한 공감, 소통, 참여로 학교 자치와 민주 시민사회 구성원으로서의 역량을 기를 수 있을 것입니다.

한국청소년인성진흥협의회 편집팀

발문

우리는 단기간에 이룬 경제적 부와 문명의 이기로 더 풍요롭고 더 편리해진 세상을 살고 있습니다. 그런데 우리가 느끼는 행복감은 그에 비례하지 못하는 것 같고 자살률은 오히려 자꾸 높아만 가고, 과거에 없었던 끔찍한 사건사고들도 늘고 있습니다. 정치계와 사회 곳곳은 온갖 다툼과 거친 언어가 난무하고 점점 국민 모두가 만인의 민인에 대한 투쟁의 장으로 빠져들고 있는 형국입니다. 무엇 때문일까요?

저는 감히 말씀드립니다. 그 근저에는 인성의 문제가 있다고 말입니다. 정신이 깃들지 않은 오늘의 교육과 물질만능의 사고가 우리의 인성을 메마르게 하고 그것이 우리 사회 전반에 문제를 야기하고 있는 것입니다. 인성은 우리가 깊은 관심을 가지고 그 무엇보다도 중요하게 다루어야 할 가장 절박한 이 사회의 화두가 되어 있는 것입니다.

이에 2015년 사회 각계각층의 뜻 있는 인사들이 대한민국 청소년들의 바른 인성교육을 목표로 한국청소년인성진흥협의회를 창립하였고, 그 목적사업의 하나로서 초, 중, 고등학생을 대상으로 한 '공감과 소통의 인성퍼실리테이션 프로그램'을 실시해왔습니다.

그 결과 인성퍼실리테이션 프로그램이 청소년들의 주요 인성덕목인 자기존중, 성실, 소통과 배려, 사회적 책임, 예의, 규범의식, 자기조절, 정직과 용기, 정의, 지혜, 시민정신의 함양에 대단히 유용하다는 사실을 확인하였습니다. 그리고 퍼실리테이션을 통한 인성교육이 청소년으로 하여금 민주적 의사 결정의 방법도 체득하게 함으로써 우리 사회의 일방적, 대결적 논쟁을 성숙한 토론 문화로 변화시키는 역할을 할 것으로 믿어 의심치 않습니다.

한국청소년인성진흥협의회는 '인성퍼실리테이션 프로그램'을 통한 체계적이고 내실이 있는 인성교육을 널리 보급하고자 3년에 걸친 현장 경험과 축적된 지식을 엮어 오늘 한 권의 책으로 발간하게 되었습니다.

이 책은 청소년들의 삶의 현장인 가정, 학교, 자아, 세상이라는 매일 마주하는 4대 영역과 연결된 16개 주제를 엄선하여 다루고 있습니다. 청소년들은 이 책을 통하여 함께 토론하고, 고민하고, 깨달으며, 실천하는 과정에서 올바른 인성의 민주시민으로 성장할 것이고, 우리 사회도 '청소년들이 행복한 사회', '건강한 사회'로 만들어져 갈 것입니다.

한국청소년인성진흥협의회의 주춧돌을 놓아주신 박승주 이사장님, 이규석 총재님과 모든 위원님들, 이 책의 발간을 위해 수고해주신 집필자, 편집장, 후원회장님께 깊은 감사를 드립니다.

한국청소년인성진흥협의회 장철우 상임대표

추천사

1990년까지 우리나라 사람들이 해외여행을 하면서 자주 들었던 말이 있었습니다. 'Are You Japanese?', 'Are You Chinese?'였습니다. 그런 질문을 받으면 우리는 'I am Korean'이라고 대답했고, 그들은 'Korean?' 하고 되물어 왔습니다. 당시만해도 세계 사람들은 한국을 잘 모르거나 어디에 있는지도 모르고 한국에 대한 관심도 없었습니다.

한류가 지구촌을 강타하고 있습니다. 세계 젊은이들 중에 BTS를 모르는 이들이 없습니다. 산업분야의 반도체, 자동차, TV를 비롯한 가전제품, 조선, 스마트폰에 이어 스포츠와 영화 등 예체능 분야에서도 Korea를 모르는 사람이 없습니다. 동방의 해뜨는 나라 "동방예의지국"으로 불리었던 우리나라가 이제 세계로부터 존경받는 "인성의 나라"를 꿈꿉니다.

2015년부터 한국청소년인성진흥협의회에서 인성의 나라를 꿈꾸는 분들이 함께 모여 청소년 인성진흥운동을 시작하였습니다. 시작은 미미했으나, 5년이 지나면서 국내 학교현장에서, 우리 사회의 다양한 청소년 단체들에서, 가난한 이웃 나라에서, 하나 둘씩 그 경계를 넓혀가고 있습니다.

청소년인성진흥의 필요성을 인식하고 초,중,고등학교 현장에서 청소년들을 대상으로 활동하는 분들, 어른들이 먼저 솔선수범해야 한다면서 서로 서로 인성을 배우고 가르치는 분들, 뒤에서 말없이 박수치며 응원하는 분들, 묵묵히 지속적으로 후원하는 분들 등, 다양한 분야의 회원들이 청소년 인성진흥을 위해 다양한 방식으로 헌신하고 있습니다.

협회에서는 여러 해 동안 학교 안과 밖에서 청소년 인성진흥을 위해 다양한 활동을 해 왔습니다. 1일 진로 캠프, 1박 2일 리더십 캠프, 멘토링 활동, 주니어퍼실리테이터 양성, 인성 장학생 교육, 방과 후 인성 활동 등, 그동안 실행해오던 프로그램을 모으고 정리해서 「청소년퍼실리테이션 인성」이라는 책으로 발간하게 되어 큰 기쁨을 감출 수가 없습니다. 대한민국이 세계인들 가슴 속에 깊이 각인되고 있는 시기에 발맞추어 「청소년퍼실리테이션 인성」이 발간되어 더욱 의미가 깊습니다. 이 책은 21세기를 살아갈 대한민국 청소년들의 인성진흥을 위한 작지만 귀중한 역사적인 발자취이며 한국의 인성 미래를 향한 비전입니다.

이 책이 우리 청소년들의 가정에서, 학교에서, 친구들과, 세상 속에서 잘 활용되어, 대한민국을 "인성이 빛나는 나라"로 인성의 불을 밝히는 횃불이 되기를 염원하면서 기쁘게 이 책을 추천합니다.

한국청소년인성진흥협의회 이 호 후원회장

머리말

세계인들을 사로잡고 있는 BTS의 핵심 콘텐츠 중 하나가 멤버들의 성장 스토리와 아름다운 인성이었습니다. BTS의 소속사 방시혁 대표는 인성을 BTS멤버 주요 선발 기준으로 선정하고, 인성에 대한 검증 시스템을 갖춰 놓고, 연습과정에서 탁월한 인성을 갖춘 연습생을 발굴했습니다. 인성이 좋은 사람은 노력을 통해 부족한 기량을 확보하고, 신체적 매력의 불리함마저 극복했다고 합니다. 우리는 청소년들이 잘 자라서 행복이 꽃피는 가정을 이루기를 응원합니다.

청소년들이 서로를 존중하며 더불어 살아가는 민주시민 사회를 만들어가기를 꿈꿉니다. 청소년들이 자신이 누구이며, 무엇을 하고 살아야 하는지에 대해 깊이 성찰하여, 자기를 존중하고 세상을 긍정적으로 바라보는 인생철학이 있는 인생을 살아가기를 응원합니다. 청소년들이 나무 한그루, 새 한마리를 아끼고 보호할 줄 아는 환경보호자가 되어 지구를 풍요롭게 만들어 가기를 기대합니다. 청소년들이 가족들과 친구들, 세상에 감사할줄 아는 고운 인성을 가진 사람들로 가득한 대한민국을 건설해주기를 꿈꿉니다.

우리 협회는 청소년들이 찬란한 미래를 열어가기 위해 청소년들의 인성을 어떻게 증진할 수 있을까를 머리를 맞대고 의논했습니다. 청소년인성진흥을 위한 다양한 시도를 통해 인성을 교실에서 교과서로만 가르치는 것은 쉽지가 않다는 사실을 깨달았습니다. 청소년들이 살아가는 삶의 실제적인 영역들의 활동을 통해, 인성을 체득하도록 하자는 결론을 내리면서, 그렇게 인성을 교육하는 나라가 있는가를 찾아보기도 했습니다. 캐나다에서 퍼실리테이션이라는 도구를 통해 실질적인 인성교육을 하고 있음을 발견했습니다. 다년간에 거쳐 초등학교 고학년으로부터 고등학생에 이르기까지 가정, 학교, 자아, 환경과 관련된 16개 주제를 퍼실리테이션의 공감대화, 창의대화, 이미지바꾸기 기법을 적용하여 진로캠프, 인성캠프 등으로 적용했습니다. 결과는 고무적이었습니다. 퍼실리테이션 활동한 결과를 기술통계 분석해본 결과 인성덕목 12개 항목이 대부분 유의미하게 향상되었으며, 캠프를 실시한 학교에서도 학생들이 가정, 학교, 자아, 환경보호에 대한 영역에서도 의미있는 행동 변화를 나타내고 있다는 의미있는 보고를 해 왔습니다.

이에 우리는 그동안의 활동을 「청소년퍼실리테이션 인성」으로 출간했습니다. 이 책은 청소년들의 삶의 주요 16개 영역을 개인, 그룹 활동을 통해 인성덕목을 향상하고, 참여를 통한 합의형성능력을 높여, 장차 청소년들이 좋은 가정을 이루고 민주시민사회를 만들어갈 수 있도록 구성했습니다. 이 책이 우리 사랑스러운 청소년들의 미래에 징검다리가 되어주기를 기대합니다. 이 책이 나오기까지 현장을 제공해주신 교장 선생님들과 선생님들, 학생들과 함께 현장에서 땀 흘려주신 퍼실리테이터들, 인성 이론을 활동 영역으로 끌어들여 교재를 만들기에 2년이 넘도록 수고해주신 저자들, 교재를 만들기까지 아낌없이 지원해주신 이 호 후원회장님, 인성협회 조직을 앞장서 주신 박승주 이사장님과 이규석 총재님, 교열 교정을 도와주신 문성안님, 퍼실리테이션을 전해주신 신좌섭 교수님께 깊은 감사를 전합니다.

한국청소년인성진흥협의회 사무총장 안만호

이 책의 구성

청소년 인성교육을 위한 교육현장에 맞도록 구성했습니다. 퍼실리테이션 기법을 활용하여 공감과 소통을 통해 참여와 합의 역량을 길러 청소년 인성 교육의 효과가 극대화 되도록 했습니다.

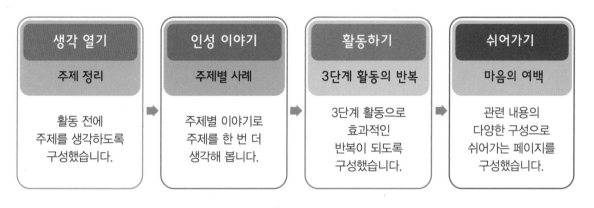

이 책의 특징

청소년퍼실리테이션 기법을 활용하여 청소년들이 언어를 통해 공감과 소통을 하면서 서로의 다름을 인정하고 성찰을 통해 의미를 찾고 서로간 합의를 이뤄 구체적으로 실천하도록 했습니다. 또한 대화를 통해 의미를 찾고, 새로운 결심을 하고 결심을 실천하도록 퍼실리테이션 도구, 공감대화, 창의대화, 이미지 바꾸기를 단계별로 반복적으로 활용하도록 했습니다.

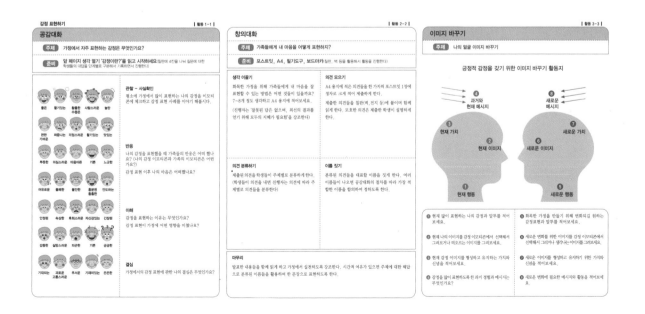

청소년퍼실리테이션 도구 활용방법

1. 행복한 가정

1. 감정 표현   24
2. 문제 해결하기   32
3. 경청   40
4. 감사   48

2. 소통하는 학교

1. 나를 알아줘!   58
2. 너를 알고 싶어   66
3. 친구끼리 소통하기   74
4. 꿈꾸는 학교   82

3. 건강한 자아

1. 긍정적인 자아 개념   92
2. 우선순위 결정   100
3. 명확한 자기주장   108
4. 책임있는 행동   116

4. 소통하는 세상

1. 사회환경 변화의 적응   126
2. 성숙한 시민의 자세   134
3. 자연환경변화에 대한 우리의 책임   142
4. 세상과 소통   150

청소년퍼실리테이션 도구 활용방법

퍼실리테이션에는 많은 도구들이 있다. 그 가운데 청소년 퍼실리테이션 캠프를 진행하면서 청소년 인성덕목 함양에 가장 유용하고 적합한 도구가 공감대화, 창의대화, 이미지 바꾸기임을 확인하였다. 이 책을 사용하는 퍼실리테이터(교사)들은 아래 소개하는 공감대화, 창의대화, 이미지 바꾸기 도구 사용법을 익힌 후에 활용하면 훨씬 좋은 효과를 얻을 수 있을 것이다.

1. 공감대화

공감대화는 인간의 일반적 사고 과정을 따라 참가자들의 생각과 행동을 재구성하도록 하는 대화 방법이다. 공감대화의 프로세스 속에는 공감의 요소, 공감의 기능, 공감의 태도, 효과적인 의사소통의 방법이 녹아져 있다. 공감과 소통을 전제로 서로 이해하고, 깊은 성찰을 통해 공통의 의미와 합의를 추구한다. 공감대화는 서로가 친밀한 관계를 맺으며 자신과 다른 사람을 성장시키고 서로의 마음을 이어주는 데 도움을 주고, 문제 해결 및 예방, 의미 있는 대화, 자기성찰, 관계개선, 학습정리, 평가, 글쓰기 등에 활용할 수 있다.

1) 공감대화 4단계 과정

1단계 : 관찰 – 사실확인 단계

관찰을 통한 사실 확인은 충고, 조언, 판단, 평가가 들어가지 않고 우리가 보고 들은 그대로의 객관적인 사실을 살피는 것이다. 개인의 선입견, 이념, 신념, 전통, 감정 등 내면의 평가와 판단을 멈추고 있는 그대로를 살피는 것이다. 객관적인 정보를 공유할 때 비로소 서로에 대한 신뢰가 쌓인다. 있는 그대로, 사태 그 자체를 보기 위해서 인간의 오감각을 사용한다. 판단이 배제된 청각, 시각, 후각, 미각, 촉각을 통해 인지한 것을 이야기한다.

2단계 : 반응

개인적 반응으로 연상되거나 감정을 느끼는 것을 표현하는 단계이다. 개인이 내부나 외부의 관찰과 자극을 통하여 느끼는 연상, 신체감각과 감정을 표현하는 단계이다. 반응을 살피기 위해 느낌, 기분, 정서, 기억, 연상, 이미지 등을 찾아갈 수 있는 질문을 한다. 반응의 단계에서 서로 상대에 대한 정서적 반응을 공감하여 지지와 인정, 위로를 받게 된다.

3단계 : 해석

이 단계는 관찰과 반응 이후에 사건이나 사물에 대한 의미와 가치, 중요성, 의도, 함의에 집중하는 단계이며, 의미와 의도의 수준을 집중 조명한다. 예를 들어 이 주제에 사람들이 부여하는 중요성이 무엇인가를 파악하는 것이다. 성찰을 통해 사고가 확장되고 새로운 것을 볼 수 있는 시야가 열리며 집단의 지혜의 힘을 경험하게 된다.

4단계 : 결심

이 단계는 관찰, 반응, 해석 단계를 거쳐 의사결정에 관한 질문을 하는 단계로서 앞으로 해야 할 행동과 미래의 방향 그리고 다음 상황에 대한 사람들의 관계나 반응을 결정하는 단계이다.

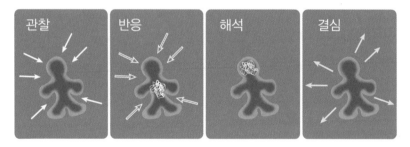

2) 공감대화의 질문 예시

관찰 – 사실확인

사태 그 자체를 기술 ; 주제에 관한 편견과 선입견을 제거하고 객관적 자료와 사실에 주의 집중, 오감각을 활용한 질문.

- 당신이 관찰한 것은 어떤 것들인가?
- 당신의 관심을 끈 단어나 문구는 무엇인가?
- 당신이 본 것은 무엇인가?
- 그곳에 누가 있었는가?
- 사람들은 뭐라고 말했는가?
- 그곳에는 얼마나 많은 사람이 있었는가?
- 그곳에는 어떤 색깔이 있었는가?
- 기억나는 장면은 무엇인가?
- 기억나는 사건은 무엇인가?
- 그 사건에 대해 명료하게 이해하기 위해 알고 싶은 것이 있다면 어떤 것인가?
- 우리가 알아야 할 다른 사항들은 무엇인가?

반응

사태 그 자체를 통해 주어진 즉각적 반응, 연상을 묻는 질문

- 당신의 직감적인 반응은 무엇인가?
- 당신이 염려하는 것은 무엇인가?
- 무엇이 연상되는가?
- 무엇이 당신을 기쁘게 하는가?
- 무엇이 당신을 신나게 하는가?
- 무엇이 당신을 실망하게 하는가?
- 집단 전체의 반응은 어떠한가?
- 어떤 이미지가 떠오르는가?
- 이와 비슷한 경험을 가진 적이 있는가?

이해

의미 부여, 새롭게 보거나 알게 된 것을 조명하는 질문.

- 이 사건이 우리에게 부여하는 의미는 무엇인가?
- 이 사건이 우리에게 부여하는 가치는 무엇인가?
- 이것을 통해 우리가 얻을 수 있는 통찰은 무엇인가?
- 왜 이것이 당신에게 중요한가?
- 이 주제를 다른 관점으로 볼 수 있는가?
- 그 사건에 대해 완전히 다른 관점을 가지고 있는 사람은 누구인가?
- 왜 그런 생각을 하게 되었는가?
- 우리가 생각할 낼 수 있는 대안이 있다면 무엇인가?
- 우리는 무엇을 배웠는가?
- 왜 그 사건이 일어났는가?
- 그때 가장 중요했던 사건은 무엇인가?
- 이것을 다른 것과 연결 지어 생각한다면?
- 여기서 찾아볼 수 있는 패턴은 무엇인가?
- 이것의 근본 원인은 무엇인가?
- 우리가 이것을 하지 않으면 어떤 일이 일어나는가?
- 새롭게 깨닫게 된 것은 무엇인가?

결심

대화를 통해 얻은 깨달음에 대한 결심을 질문

- 이제 우리는 어떻게 다르게 살아야 하는가?
- 우리의 결정은 무엇인가?
- 다음 단계의 행동은 무엇인가?
- 여기에 없었던 다른 사람에게 이것에 대해 말한다면 무엇이라고 이야기할 것인가?
- 누가 그것을 할 것인가?

3) 공감대화 샘플

주제 : 소와 사자 이야기(우화)	
준비물 : 소와 사자 이야기 본문, 보드마카, 칠판	
소와 사자 이야기를 읽게 하고 퍼실리테이터 (선생님)가 단계별로 질문을 한다.	학생들의 답변을 칠판에 기록한다. 학생 1명을 서기로 선정하여 기록하게 할 수 있고 진행자가 기록할 수도 있다. 기록할 때 요약을 해서 기록한다.
관찰(사실확인) 질문 : 소와 사자의 이야기 속에 나오는 내용은 무엇인가요?	소, 사자가 주인공으로 나왔다. 맛있는 것이 풀과 고기였다. 결혼했다가 이혼을 했다. 소와 사자는 서로 "최선을 다했어."라고 말했다. 주변에서는 이 결혼을 반대했다. 서로 헤어지게 되면서 마음이 아팠다. 소와 사자에게 인내의 한계가 왔다. 소와 사자는 서로 배려했다.

반응 **질문**: 소와 사자의 이야기를 읽고 느껴지는 감정과 연관되는 것들은 무엇인가요?	둘 다 불쌍해, 소와 사자가 한심해, 상대를 모르는 상태에서 결혼한 것 같다, 소와 사자는 진짜 배려를 했는가? 답답해, 짜증이 나, 이상해, 가정이 파탄난 모습이 떠올라, 우울한 그림자 이미지가 떠 올랐다.
이해 **질문**: 이 이야기가 주는 교훈은 무엇인가요?	참을성에도 한계가 있다, 참고 살면 안 된다. 서로 합의를 해야 한다, 자기표현을 해야 한다, 서로 완벽하게 이해할 수는 없다, 상대방에 대한 이해가 필요하다, 서로 존중하자, 서로 관심을 가져야 한다, 잘못된 최선은 서로를 힘들게 한다, 서로가 원하는 게 다르다.
결심 **질문**: 이 이야기를 통해 우리가 무엇을 결심해야 하는가요?	가정, 학교, 학원에서 행복하게 지내기 위해 소통을 잘해야 한다. 자신의 의견을 자세히 말해야(잘 설명해야)한다. 서로 존중하며 경청을 해야 한다.

4) 공감대화 및 이미지 바꾸기에 활용할 이모티콘

좋은	활기있는	황홀한 수줍은	사랑스러운	놀란
편한 가벼운	짜증나는	걱정스러운	활기있는	맛있는
뿌듯한	의심스러운	마음아픈	기쁜	느긋한
여유로운	불쾌한	불안한	흥분된 황홀한	안도하는
안정된	속상한	후회스러운	자신감있는	긴장된
감동한	실망스러운	피곤한	기쁜	궁금한
기대되는	괴로운 고통스러운	무서운	재미있는	든든한

2. 창의대화

창의대화는 의사결정에 관한 참여자의 동기부여에 효과적이며, 참여자의 자아실현의 욕구를 충족시켜 조직과 의사결정에 대한 긍정적 태도를 가지게 한다. 창의대화는 더 많은 정보와 지식을 이용할 수 있어서 보다 많은 대안을 만들어 낼 수 있고, 의사결정의 질을 향상시킬 수 있다. 참여자 상호간의 이해의 폭을 증가시켜 의사결정의 최종단계에서 참여자들의 공감을 얻을 수 있으며, 참여자들은 그 결정에 잘 따르게 된다. 또한 보다 활발한 의사소통이 가능해지며, 정확한 의사결정이 신속하게 이루어질 수 있다. 창의대화는 모두에게 동등한 참여기회가 보장되고 모두가 제안한 의견이 받아들여진다. 동등한 참여와 서로 간의 이해, 집단의 지혜를 활용해 문제해결 방법을 찾고 공동의 책임을 진다.

1) 창의대화 과정

창의대화 과정은 생각 이끌어내기-의견 모의기-의견 분류하기-이름 짓기-마무리(실행계획 세우기, 우선순위 결정, 문장화, 표어 만들기)의 5단계의 과정을 거친다.

생각 이끌어내기

새로운 방법을 찾을 수 있는 대안들을 생각하게 한다. 개인별 브레인스토밍(Brain storming)을 통해 가능한 많은 생각들을 끄집어내게 한다. Osborn의 브레인스토밍 기법의 네 가지 규칙에 따라서, 곧 창출된 아이디어를 비난하거나 평가해서는 안되며, 어떤 아이디어라도 수용되며, 아이디어가 많을수록 유용하고, 이미 제안된 아이디어로부터 다른 아이디어를 이끌어 낼 수 있도록 하여 자유로운 분위기에서 창의적인 사고를 하게 한다.

의견 모으기

소집단 브레인스토밍의 기법을 활용하여 아이디어나 이슈들을 공유한다. 전체 발표가 아니라 2-3명으로 구성된 팀원들에게 자신의 생각을 미리 이야기하게 함으로써 발표에 대한 두려움을 제거하고 의견 수용을 통한 심리적 안정감을 갖게 한다. 그리고 생각한 아이디어는 카드에 적어 제출하게 한다.

의견 분류하기

제출된 의견들을 주제별로 분류한다. 각 소그룹이 적어낸 카드로 같은 주제별 모둠 만들기를 실시하고 남은 것들에 대한 관계 짓기를 한다. 현재까지 단계에서 나온 의견을 모둠 만들기를 하여 새로운 관점을 발견하고 기존 방법들을 재점검, 모둠별 패턴과 관계를 확인하는 단계이다.

이름 짓기

주제별로 분류된 의견들을 대표할 수 있는 이름을 정한다. 이번 단계에서는 각 모둠의 핵심을 발견하고, 명료화, 새로운 관점을 통해 모둠의 이름 짓기를 실시하는 과정이다. 여기서 최초의 합의가 일어나는 단계이며, 합의를 끌어내기 위해 공감대화를 사용한다. 이름을 부여하는 과정 속에서 주인의식을 갖게 된다.

마무리 – 결과 확인

합의로부터 결과물을 작성하고, 참여를 되돌아보며, 집단이 결정한 전체를 한 데 모아 정리하고, 우선순위를 정하고 실행계획을 세운다.

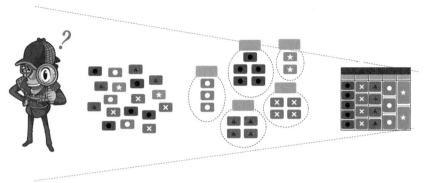

2) 창의대화 진행

생각 이끌어내기

- 퍼실리테이터는 참여자들의 사고의 촉진을 위한 적절한 질문을 준비한다.
- 제시된 주제에 대한 아이디어를 각자 10개 정도 브레인스토밍을 하고 A4 용지에 기록하도록 한다.
- 참가자들에게 혼자 생각해 볼 수 있는 개인적인 시간을 준다. 이 때 잘못된 답은 없으며, 최선의 결과를 얻기 위해 모두의 지혜가 필요함을 강조한다.
- 인원이 많으면 2~4명으로 조를 나누고, 각 조 안에서 의견을 교환하고 중복되는 의견을 제거하고, 명료한 의견 __개를 선택하게 한다. (전체 집단의 의견의 수가 35-60개 사이가 되도록 한다. 개수가 너무 적으면 흥미가 떨어지고, 너무 많으면 지루해진다).
- 사전에 적당한 개수를 계산해 두고 포스트 잇에 조 당 __개의 의견을 적게 한다. 적을 때는 모두가 볼 수 있게 큰 글자로, 정자체로, 포스트 잇 1장에 하나의 의견을 적게 한다.

의견 모으기

- 퍼실리테이터는 다양한 카드를 얻기 위해 2-3차례에 걸쳐 각 소그룹이 카드를 제출하게 한다. 예를 들어, 처음에는 '가장 중요한', 다음에는 '가장 독특한', 다음에는 '무엇하고도 어울리지 않는 것'을 내도록 한다.
- Board 판이나 벽에 포스트 잇 또는 masking 테이프, 블루텍으로 카드를 붙인다.
  - 카드를 벽에 붙일 때 함께 의견을 읽게 한다.
  - 모호한 의견에 대한 질문을 받고, 의견을 낸 사람이 질문에 답하게 한다.
  - 제출된 의견에 대해 비평이나 편집을 삼간다. 비평이나 편집은 참여자의 참여를 제한하게 된다.

의견 분류하기

- 퍼실리테이터는 어떤 카드가 서로 유사한지 사람들에게 묻고 유사한 카드들을 한 줄로 늘어 놓는다.
- 특정 의견이 대표로 취급되는 것을 막기 위해 각 줄에 기호를 부여한다. 추후 의견을 분류할 때 기호의 이름을 부르도록 한다.
- 새로운 통찰이 생기도록 모든 카드가 분류될 때까지 각 줄 상단에 이름을 붙이지 않는다.
- 분류된 의견들은 워크숍이 끝날 때 주제에 대한 답이 됨을 강조한다.
- 분류되지 않은 나머지 카드들을 이미 만들어진 모둠에 연결시킨다. 시간을 절약하기 위해 카드에 미리 표시를 할 수도 있다.

이름 짓기

- 가장 많은 카드가 붙은 의견 모둠부터 차례로 살펴본다.
- 해당 모둠의 모든 카드를 소리 내어 읽는다.
- "이 모둠에 있는 의견들의 키워드는 무엇입니까?" 라고 묻는다.
- 모둠이 가진 의미를 탐색하게 하는 질문을 한다. 예) 이 영역은 무엇에 관한 것입니까?
- 모둠의 의견들을 담아낼 수 있는 이름을 짓게 한다.(명사, 형용사, 동사 포함)
- 각 모둠의 이름을 제안하도록 하고 2-3명의 통찰을 결합하여 이름에 대한 합의를 얻는다. 한 두 사람의 빅 마우스가 이름 짓기를 주도하지 못하도록 퍼실리테이터가 전체 의견을 조율하거나 짝을 지어 토론하게 한다. 이 과정이 쉽게 이뤄지지 않을 때 집단이 만족할 때까지 이 단계를 반복한다.
- 이름을 카드에 적고, 다른 의견 카드와 구분하기 위하여 다른 색의 카드에 적거나, 가장자리에 테두리를 그린다.
- 이름 카드를 기호 카드 위에 붙인다.

마무리 - 결과 확인

- 주제에 따라 이름을 연결하여 한 문장을 만든다.(비전 선언문이 됨)
- 주제에 따라 우선순위를 정한다.
- 워크숍 프로세스 결과 정리.
- 다음 단계 선언.(실행계획 세우기)

3) 창의대화 샘플

창의대화는 벽면이나 칠판, 전지를 활용하여 활동할 수도 있다.

창의대화
주제 : 꿈을 이루기 위해 우리가 준비해야 할 것
준비물 : 포스트잇, 보드마카, 전지, A4용지

생각 이끌기

의견 모으기

의견 분류하기

이름 짓기

마무리

한 문장으로 표현하기 :

무한도전과 미래를 꿈꾸는 우리 팀

3. 이미지 바꾸기(Image Change)

모든 사람은 그가 가지고 있는 이미지에 의해 움직인다. 우리가 가지고 있는 이미지가 우리의 행동을 규정한다. 그리고 우리의 이미지는 우리가 보고, 듣고, 느끼는 메시지에 의해 형성되고 강화되거나 약화된다. 이미지가 메시지에 의해 변화한다는 것은 메시지가 변화되면 이미지가 변화됨을 말한다.

반복적으로 메시지를 듣게 되면 마음에 변화된 이미지가 형성이 된다. 형성된 이미지는 행동을 규정한다. 이미지는 생각에 의해 변화할 수 있으며, 변화된 이미지는 행동을 변화시킨다. 우리의 행동을 좌우하는 것은 바로 그 이미지이다. 모든 사람은 자신에 대한 다양한 이미지를 가지고 있으며, 그 이미지를 따라 행동한다. 자신에 대한 생각의 변화가 이미지를 바꾸고 변화된 이미지가 행동을 새롭게 하고, 변화된 인생을 살게 한다.

이미지 바꾸기는 사람들이 스스로를 더 잘 이해하도록 돕고 싶을 때, 자기 인생을 위해 새로운 일을 시작하고 싶을 때, 그룹이 새로운 일을 시작할 때, 개인의 행동을 이전과 다르게 변화시키고 싶을 때, 그룹의 행동을 심도 있게 변화시키고 싶을 때, 새로운 비전을 받아들이거나 받아들이게 하고 싶을 때 유용하게 사용 할 수 있다.

이미지 바꾸기(IC) 과정

1. 현재의 행동(모습)은?
2. 현재의 행동(모습)을 하게 하는 이미지는 무엇인가?
3. 현재 이미지를 형성하고 유지하는 가치와 신념은 무엇인가?
4. 현재의 행동(모습)에 영향을 준 과거와 현재의 경험과 메시지는 무엇인가?
5. 새로운 행동(모습)은 무엇인가?
6. 새로운 행동(모습)을 하게 하는 이미지는 무엇인가?
7. 새로운 이미지를 형성하고 유지하게 하는 가치와 신념은 무엇인가?
8. 새로운 행동(모습)을 위한 메시지와 활동은 무엇인가?

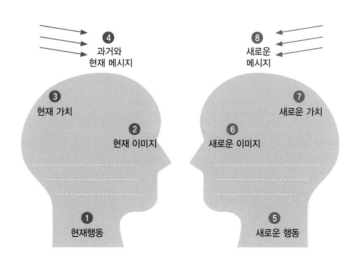

미래 중학교 2학년 분위기 좋은 반 만들기 – 샘플

1	**현재의 우리 반의 모습:** 수업시간 소리 지르고, 쉬는 시간 전쟁터다, 욕설이 난무하다, 수업 시간은 학원 숙제, 잠자는 시간.
2	**우리 반을 표현 할 수 있는 이미지:** 광화문 광장
3	**우리 반의 가치:** 생각없음, 놀기
4	**과거와 현재 메시지:** 공부는 학원에서, 숙제는 집에서, 학교에서는 놀자, 학교에서는 자자.
5	**변화된 모습:** 행복한 3반 교실
6	**새로운 이미지:** 귀여운 골든리트리버 강아지
7	**새로운 가치:** 예의, 배려
8	**새로운 메시지:** 정신 차리자, 배려하고, 인내하자, 소리지르지 말자, 선생님께 깝치지 말자.

1. 행복한 가정

학습 목표

1. 가정에서 자주 표현하는 감정에 대해 설명할 수 있습니다.
2. 가정에서 행복을 방해하는 요인을 해결할 수 있습니다.
3. 가정에서 서로의 말을 끝까지 들어줄 수 있습니다.
4. 가정 구성원들에게 매일 감사를 표현할 수 있습니다.

감정표현

자기 감정을 이해하고 다른 사람에게 감정을 표현하는 능력을 기릅니다.

1. 기쁨, 분노, 두려움, 슬픔의 감정을 이해하고 소통할 수 있습니다.
2. 상황에 따라 내면의 감정을 알아차리고 공감할 수 있습니다.
3. 자신의 감정을 이해하고 적절히 대처할 수 있습니다.
4. 올바른 감정 표현을 통하여 행복한 가정생활을 할 수 있습니다.

참고문헌

김현아(2016), 감정표현능력이 여자청소년의 내재화 및 외현화 행동문제에 미치는 영향, 국민대학교 석사학위논문.

감정이 뭐지요?

감정이란 외부의 자극에 대한 몸과 마음에 자동적으로 나타나는 다양한 현상들입니다. 우리나라에서는 기쁨, 분노, 슬픔, 즐거움의 4가지를, 서양에서는 기쁨, 분노, 불쾌함, 슬픔, 놀라움, 두려움의 여섯 가지를 기본 감정으로 정의해요. 인간은 이러한 기본 감정을 바탕으로 다양한 종류의 감정을 표현한답니다.

감정에는 다음과 같은 특징이 있어요.

첫째로 감정은 순간적 상태입니다. 감정은 변화무쌍해서 현재 감정이 지속되지 않고 변해요. 둘째로 감정은 신체 변화를 유발해요. 감정 자체를 볼 수는 없지만, 감정이 표현될 때 몸에 나타나는 현상은 볼 수 있어요. 셋째로 감정은 복합적입니다. 현재 감정이 슬픔인지, 기쁨인지, 분노인지 구분하기 어려울 때가 많아요. 마지막으로 감정은 외부를 향한 표현 의지가 있어요.

그래서 우리는 몸의 반응, 얼굴 표정, 언어 등으로 감정 상태를 표현하지요.

감정표현 능력은 무엇일까요?

감정표현은 자신이 느낀 감정을 알아차리고, 다른 사람에게 표현할 수 있는 능력입니다. 감정표현을 잘하지 못하면 신체적 질병, 사회불안, 폭력, 폭식, 생활 부적응, 친구나 부모와의 관계에서 문제가 발생할 가능성이 높아진다고 합니다. 감정표현 잘해야겠지요?

감성지능이 중요합니다.

감성지능은 자신의 감정 상태를 인식하고 자신의 감정을 조절하고, 타인의 감정상태를 인식하여, 타인에게 자신의 감정을 전달하면서, 상황을 낙관적으로 만들어 상대방과 인간관계를 맺고 관리하는 능력이랍니다. 인지지능(IQ), 성격, 감성지능(EQ) 세 가지가 사람의 사고방식과 행동방식을 결정하는데, 감성지능이 뛰어난 사람이 행복하고 성공할 확률이 높다고 합니다.

IQ와 성격은 유전적인데 비해 감성지능은 지속적으로 발전합니다. 청소년기는 감정표현 능력, 감정이해 및 인식 능력, 그리고 감정조절 능력이 활발하게 개발되는 시기입니다.

색깔로 표현되는 다양한 감정

미국의 화가 마크 로스코는 색의 공간감 만으로 인간의 근본적인 감성을 표현할 수 있다고 말합니다.

그의 작품을 본 사람들은 작가가 작업하면서 느낀 고독하고 슬픈 감정을 함께 느끼면서 눈물을 흘리기도 하고 환희를 느끼기도 하며 벅찬 감정이 차오르기도 한다고 합니다. 이렇게 우리가 항상 눈으로 보고 있는 색깔은 문화적으로도 사회적으로도 사람의 감정을 표현할 힘을 가지고 있습니다. 색깔은 보는 사람들에게 감정을 일으키게 하는 신비로운 면이 있습니다.

색깔을 기술로 표현하지 못한 흑백영화 시대에는 색깔을 표현하고 싶어서 필름에 직접 색을 칠하기도 했다고 합니다. 색깔을 마음껏 표현할 수 있는 지금은 색깔을 통해 다양한 표현을 하려는 영화들이 많이 생겨 났습니다.

'가장 따뜻한 색, 블루'라는 제목의 영화가 있습니다.

이 영화는 기존에 가지고 있던 파란색에 대한 생각과는 다른 생각을 하게 합니다.

평범한 고등학생인 '아델'은 어느 날 우연히 파란 머리의 대학생 '엠마'를 만나면서 평온하기만 했던 일상이 흔들리게 됩니다. 두 소녀가 서로 만나고 사랑하고 헤어지는 과정에서 엠마의 파란색에 물들어가는 과정을 보며 관객들은 색깔을 통해 배우들의 감정에 몰입되는 효과를 함께 느끼게 됩니다.

기존에 블루가 가지고 있던 차가운 느낌이 영화에선 따뜻하고 편안한 색으로 표현되고 있으면서 동시에 파란색으로 개인의 자유로움을 상징적으로 표현하고 있습니다.

빨간색으로 많은 상징을 표현한 'Her'라는 영화도 있습니다. 강렬한 색, 빨간색으로 꽉 채워진 이 영화의 포스터도 인상적이지만 남자 주인공이 입고 있는 옷과 인공지능인 운영체계(OS)도 빨간색으로 표현됩니다. 장면마다 등장하는 빨간색은 보는 사람들에게 주인공의 열정으로 보이기도 하고 때로는 힘과 사랑을 보여주 기도 합니다.

답답한 현실을 무채색으로 표현한 영화도 있습니다.

흑백영화인 '프란시스라'는 블랙과 화이트가 가지고 있는 다소 차분한 감정으로 씁쓸한 청춘을 무덤덤하게 표현합니다. 미국 브루클린에서 무용수로 성공하고 싶은 27살의 여성인 프란시스의 평범한 연습생으로 살아가는 모습을 흑백영화로 보여주면서 흑백이 지니는 우울함, 단순함 그리고 답답한 현실을 표현합니다.

이외에도 독특한 색감으로 영상을 꽉 채운 영화들도 많이 있습니다.

〈마담 프루스트의 비밀정원〉, 〈미드나잇 인 파리〉, 〈그랜드 부다페스트 호텔〉 등의 영화에서는 알록달록한 원색에 가까운 색감이나, 파스텔톤의 분위기 있는 색감으로 배경을 처리하여 표현합니다.

그런 대비되는 색깔의 표현은 시공간을 초월하는 상징성의 표현이나 배우의 감정을 표현하게 해주고 관객과의 교감을 극대화하기도 합니다.

이렇게 많은 영화에서 표현되는 색깔들을 통해 사람들이 매우 다양한 성격들을 지니고 있다는 것을 알 수 있습니다.

사람의 마음에 다양한 색깔이 있다는 것은 자연이 가르쳐주는 이치이기도 합니다.

사람의 다양함을 하나의 색깔로 표현할 수는 없습니다. 우리는 개개인이 가지고 있는 다양한 색깔들을 인정해야 합니다. 또한 내가 남과 다르다는 것을 인정받고 싶어 하듯이 다른 사람이 나와 다르다는 것도 인정하고 받아들여야 합니다. 다양한 감정을 표현하는 색깔이 주는 다양함들을 수용하여 서로가 서로의 마음을 소통하며 받아들인다면 마음에 평화의 무지개가 떠오를 것입니다.

▲ 색깔을 통해 인간의 다양한 감정을 표현하고자 하는 영화들이 많이 있다.

공감대화

주제	가정에서 자주 표현하는 감정은 무엇인가요?

준비 앞 페이지 생각 열기 '감정이란?'을 읽고 시작하세요(칠판에 4칸을 나눠 질문에 대한 학생들의 대답을 단계별로 구분해서 기록하면서 진행한다)

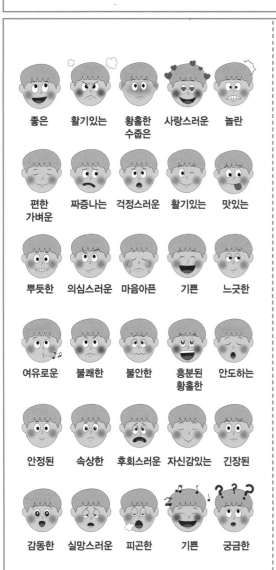

관찰 – 사실확인

평소에 가정에서 많이 표현하는 나의 감정을 이모티콘에 체크하고 감정 표현 사례를 이야기 해봅시다.

반응

나의 감정을 표현했을 때 가족들의 반응은 어떠 했나요? (나의 감정 이모티콘과 가족의 이모티콘은 어떤가요?)

감정 표현 이후 나의 마음은 어떠했나요?

이해

감정을 표현하는 이유는 무엇인가요?

감정 표현이 가정에 어떤 영향을 미쳤나요?

결심

가정에서의 감정 표현에 관한 나의 결심은 무엇인가요?

창의대화

주제 가족들에게 내 마음을 어떻게 표현하지?

준비 포스트잇, A4, 필기도구, 보드마카(칠판, 벽 등을 활용해서 활동을 진행한다)

생각 이끌기

화목한 가정을 위해 가족들에게 내 마음을 잘 표현할 수 있는 방법은 어떤 것들이 있을까요? 7~8개 정도 생각하고 A4 용지에 적어보세요.

(진행자는 '잘못된 답은 없으며, 최선의 결과를 얻기 위해 모두의 지혜가 필요함'을 강조한다)

의견 모으기

A4 용지에 적은 의견들을 한 가지씩 포스트잇 1장에 정자로 크게 적어 제출하게 한다.

제출한 의견들을 칠판(벽, 전지 등)에 붙이며 함께 읽게 한다. 모호한 의견은 제출한 학생이 설명하게 한다.

의견 분류하기

제출된 의견을 학생들이 주제별로 분류하게 한다. (학생들이 의견을 내면 진행자는 의견에 따라 주제별로 의견들을 분류한다)

이름 짓기

분류된 의견들을 대표할 이름을 짓게 한다. 여러 이름들이 나오면 공감대화의 절차를 따라 가장 적합한 이름을 합의하여 정하도록 한다.

마무리

발표한 내용들을 함께 읽게 하고 가정에서 실천하도록 강조한다. 시간적 여유가 있으면 주제에 대한 해답으로 분류된 이름들을 활용하여 한 문장으로 표현하도록 한다.

이미지 바꾸기

주제 나의 얼굴 이미지 바꾸기

긍정적 감정을 갖기 위한 이미지 바꾸기 활동지

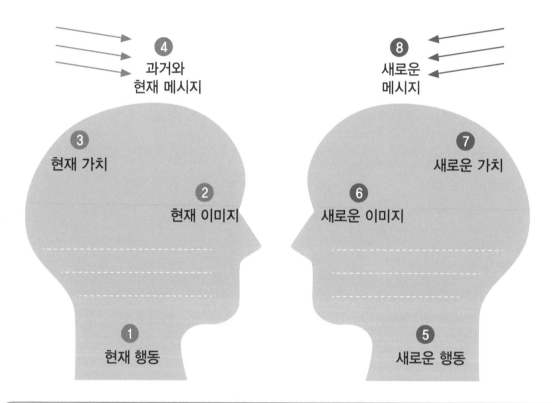

4 과거와 현재 메시지

8 새로운 메시지

3 현재 가치

2 현재 이미지

7 새로운 가치

6 새로운 이미지

1 현재 행동

5 새로운 행동

---

1 현재 많이 표현하는 나의 감정과 말투를 적어 보세요.

2 현재 나의 이미지를 감정 이모티콘에서 선택해서 그려보거나 떠오르는 이미지를 그려보세요.

3 현재 감정 이미지를 형성하고 유지하는 가치와 신념을 적어보세요.

4 감정을 많이 표현하도록 한 과거 경험과 메시지는 무엇인가요?

5 화목한 가정을 만들기 위해 변화되길 원하는 감정표현과 말투를 적어보세요.

6 새로운 변화를 위한 이미지를 감정 이모티콘에서 선택해서 그리거나 생각나는 이미지를 그려보세요.

7 새로운 이미지를 형성하고 유지하기 위한 가치와 신념을 적어보세요.

8 새로운 변화에 필요한 메시지와 활동을 적어보세요.

'퍼실리테이션 대화'란 무엇일까요?

퍼실리테이션의 어원은 '쉽게 만든다'는 뜻입니다.

무엇을 쉽게 만들까요? 집단 구성원 간의, 혹은 집단 간의 소통과 협력입니다. 퍼실리테이션은 사람들 사이에 소통과 협력이 활발하게 일어나 시너지가 생기도록 도와주는 행위이고, 이런 일을 하는 사람을 퍼실리테이터라고 합니다. 그렇다면 퍼실리테이션은 왜 필요할까요? 인간사회에서 소통과 협력은 쉽게 일어나지 않기 때문입니다.

우리가 사는 세상은 항상 다른 의견과 자기주장 그리고 경쟁, 분쟁으로 갈등합니다. 갈등과 편 가르기, 오해와 상처들이 쉽게 해결될 수 있다면 세상은 얼마나 살기 좋아질까요? 물론 쉽지 않습니다. 그러나 퍼실리테이터들은 이것이 공감과 소통, 참여와 협력을 통해 가능할 수 있다고 믿습니다. 다만, 이를 위해서는 대화가 필수적입니다.

그렇다면 대화란 무엇일까요?

20세기 천재 물리학자 데이비드 봄은 대화란 '사람들 사이에 흐르는 의미의 강'과 같은 것이며, 따라서 옳고 그름을 다투는 논쟁과는 구별해야 한다고 했습니다. 다른 식으로 표현하자면 대화란 '너와 내가 각자 의미의 시냇물이라고 한다면 너의 의미와 나의 의미가 만나 더 큰 의미의 강을 만드는 것'이라고 할 수 있습니다. 의미있는 대화에는 말, 글, 몸짓, SNS 등 종류가 다양합니다. 그리고 성공적인 대화를 위해서는 다섯 가지 요소가 전제돼야 합니다.

① 사람들의 적극적 참여
② 정보-느낌-견해의 소통
③ 상대의 입장이 되어 보는 공감(역지사지)
④ 공동의 의미 발견
⑤ 행동 방향에 대한 합의

이상적으로는 다섯째 합의까지 도달하는 것이 바람직하지만, 실제로 그런 경우는 많지 않습니다. 그러나 중요한 점은 '행동 방향에 대한 합의에 도달하지 못했다고 해도, 대화를 통해서 공개적으로 관찰된 사고(思考)와 그렇지 않은 사고는 이후에 다르게 행동'한다는 것입니다. '⑤'까지는 가지 못했어도 '③'이나 '④'에 도달했다면, "좋습니다. 당신은 당신의 길을 가세요. 우리 서로 다른 길을 가지만 서로의 입장을 이해하는 합시다!"라고 말하며 헤어질 수 있다는 것입니다.

날이 갈수록 복잡해져서 한 사람의 머리로는 온전하게 이해하기가 어려워지고, 사람들의 입장도 날이 갈수록 더 첨예하게 갈라져서 갈등과 대립이 심화되고 있습니다. 그럼에도 불구하고 우리는 끊임없이 소통을 해야 합니다. 이같은 21세기의 갈등 속에서 소통과 공감, 그리고 합의를 실천하는 퍼실리테이션의 중요성을 확인할 수 있습니다.

02 문제 해결하기

퍼실리테이션 기법을 활용해 소통하고 합의를 이룸으로써 문제를 해결합니다.

1. 가정 내 갈등을 인식할 수 있습니다.
2. 가정 내 갈등의 해결방법을 찾을 수 있습니다.
3. 감사를 느끼고 표현함으로써 행복감을 찾습니다.

참고문헌

김혜원(2015), 남자 청소년을 위한 학교 기반 문제해결능력 증진 프로그램의 개발 및 효과 2015년, 서울대학교 박사학위논문.

문제란 무슨 뜻인지요?

문제란 해답 혹은 해결에 이르는 과정이 주어져 있지 않은 과제를 수행하도록 요구하는 질문, 논의, 논쟁, 연구 등의 대상이 되는 것, 해결이 어려운 것, 어떤 사물과 관련된 문제 되는 일을 의미합니다. 문제는 학습자의 수준에 따라 받아들이는 정도가 다른 상대적인 개념입니다.

문제 해결이란 이런 뜻입니다.

문제가 발생했을 때, 그 문제를 해결하기 위해 문제에 도전하는 과정입니다. 어떤 친숙하지 않은 문제 상황이 요구하고 있는 것을 만족시키기 위해 개인이 이전에 획득한 지식, 기술 및 이해한 것을 활용하여, 문제를 형식화하고, 목표를 분명히 하여 해결 계획을 세우고 이를 실천하고 평가하는 과정입니다.

문제해결 능력은 문제 상황에 대처하는 인지, 정서, 행동적 과정을 수행할 수 있는 능력입니다.

긍정 정서가 문제 해결 능력을 향상시키지요.

지난 수십 년간 교육, 심리학자들이 창의성과 문제해결 능력을 키우기 위해 많은 문제해결 방법을 개발했습니다. 그런데 가장 확실한 문제해결 방법은 긍정 정서를 유발하는 것이었습니다. 긍정 정서 유발이 우리 뇌의 문제해결 능력과 판단력을 관장하는 전두엽 기능을 활성화하기 때문입니다. 반면에 스트레스, 짜증, 분노, 공포 등의 부정 정서는 편도체를 활성화해 문제해결을 점점 어렵게 합니다.

취미 생활도 문제 해결에 상당한 도움이 된다는군요.

취미를 통해서도 문제해결 능력을 키울 수 있습니다. 손과 뇌를 많이 사용하는 활동을 하면 문제해결이 쉬워진다고 합니다. 손을 사용하는 만들기, 운동, 조작 등의 활동은 지능개발과 문제해결 능력에 탁월한 효과가 있다고 보고되고 있습니다. 외국어를 배우면 좌뇌와 우뇌 양쪽을 사용하기 때문에 문제 해결과 연관이 있는 분석, 사고를 담당하는 뇌를 동시에 발달시킬 수 있습니다. 웹 디자인, 소프트웨어 프로그래밍, 조각 퍼즐, 스도쿠, 체스 등은 전략적이고 체계적인 사고를 필요로 하는 취미입니다.

이 중 하나를 골라 배워봅시다. 문제해결의 능력이 향상될 수 있을 것입니다.

서로의 의견이 충돌할 때

우리가 함께 살기 위해선 서로 사이좋게 지내는 것이 중요합니다. 매일 만나는 사람끼리 사이좋게 지내지 않는다면 어떤 일이 생길까요? 아마 우리는 서로 잘 만나려고 하지 않을 것입니다. 그렇게 되면 친구도 없어지고, 어려운 일이 있어도 서로 도와주지 않게 될 것입니다. 그러면 함께 살면서 사이좋게 지내려면 어떻게 해야할까요?

첫째, 서로 도와야 합니다.

서로 돕지 않으면 모두가 피해자가 됩니다. 악어와 악어새 이야기를 알고 있나요? 악어새는 악어의 이빨에 끼인 음식 찌꺼기를 청소해 줍니다. 만일 악어가 악어새에게 먹을 것을 주기 싫어서 입을 다물어 버리면 어떤 일이 벌어질까요? 악어새는 먹이를 찾아 이리저리 헤매야만 할 것입니다. 그렇지만 악어도 입안에 남은 찌꺼기 때문에 이빨이 썩고 말 것입니다.

사람도 마찬가지입니다. 서로 도움을 주지 않는다면 곧 불편을 겪게 됩니다. 그러므로 우리는 서로 돕고 살아야 합니다.

둘째, 양보해야 합니다.

모두가 자기에게 편리하거나 이익이 되는 것만 생각한다면, 우리 사회는 어떻게 될까요? 외나무다리에서 만난 염소 이야기를 생각해 봅시다. 서로 자기 고집만 내세우던 염소 두 마리는 결국 어떻게 되었습니까? 양보하는 것은 손해 보는 일이 아닙니다. 양보하면 처음에는 손해 보는 것 같지만, 결국에는 일이 더 잘 된다는 것을 깨달을 수 있을 것입니다.

왜냐하면, 한 사람 한 사람의 양보가 모이면 모든 사람이 서로 양보하는 사회가 되어 다투는 일이 없어질 것이기 때문입니다. 그러므로 우리는 자기에게 이익이 되는 것만 중요하게 생각하거나 자기 의견만 내세우지 말고, 서로 양보하도록 해야 하겠습니다.

셋째, 말을 부드럽게 해야 합니다.

말은 생각을 전달해 주지만 기쁨, 슬픔, 노여움, 즐거움도 전달해줍니다.

부드러운 말은 듣는 사람을 즐겁게 합니다. 그러나 퉁명스러운 말은 듣는 사람의 마음을 언짢게 합니다. 더구나 욕설이나 거친 말은 듣는 사람의 감정을 몹시 상하게 합니다. 말은 그 사람의 인격을 그대로 드러 냅니다. 말씨를 보면 그 사람의 됨됨이를 알 수 있습니다. 그러므로 우리는 말을 부드럽게 해야 하겠습니다.

넷째, 서로 의견을 존중해 주어야 합니다.

우리는 다른 사람과 서로 의견이 다를 때, 자기도 모르는 사이에 자기 생각을 강요하는 때가 있습니다.

　　자기 생각만을 주장하고 고집하다 보면, 상대방의 기분을 상하게 하고 마음에 상처를 입힐 수도 있습니다. 그러므로 우리는 다소 의견이 다르더라도 상대방의 말을 존중히여 끝까지 들어 주어야 합니다. 이야기를 들어가면서 자기 생각을 자세히 말합니다. 상대방의 의견을 반영하여 자기 생각을 바꿀 수도 있습니다. 그런 다음에 서로 의견을 비교하여 더 나은 것을 택합니다. 그렇게 해야만 서로의 의견이 고루 담긴 좋은 의견을 택할 수 있게 됩니다.

　　지금까지 우리는 서로 사이좋게 지내려면 어떻게 해야 하는지에 대하여 생각해 보았습니다. 우리는 서로 돕고 양보하는 마음을 가져야 하겠습니다. 그리고 상대방에게 부드러운 말을 쓰고, 다른 사람의 의견을 존중해 주어야 하겠습니다. 이렇게 하면 우리들의 사이는 더욱 다정해질 것이고, 매일매일의 생활도 즐거울 것입니다.

참고문헌: 이종은 (공)저의 〈글짓기 마법사 – 논설문 잘 쓰기〉

이야기 감상문

무엇에 관한 이야기인가요?

이야기를 읽고 난 후의 느낀 점은 무엇인가요?

의견이 충돌할 때에 상대방에게 하고 싶은 말을 적어보세요.

공감대화

주제 가정에서 행복을 방해하는 것은 무엇일까요?

준비 가정에서 일어날 수 있는 갈등의 예시를 읽게 한다. (칠판을 4칸으로 나누고 질문에 대한 학생들의 대답을 단계별로 구분해서 기록하며 진행한다)

갈등 예시)

문제가 뭘까?

다른 형제들을 나보다 더 좋아하는 것 같아서, 충분한 대화를 나누지 않음, 시시콜콜한 간섭, 내 의견을 존중해주지 않아서, 용돈을 적게 주고 아껴 쓰라고 해서, 형제자매와 다투면 나만 야단침, 내가 원하는 만큼 나를 사랑해주지 않는 것 같아서, 나와 놀아주지 않아서, 하고 싶은 것을 마음껏 못하게 해서, 공부만 하라고 해서, 내 이야기를 들어주지 않아서, 스트레스를 나에게 돌리기, 잔심부름 시켜서, 나를 믿어주지 않아서, 친구와 비교해서, 자주 화를 내거나 야단쳐서, 나에게 지나친 기대를 해서, 학원을 많이 다니게 해서.

관찰 – 사실확인

예시의 내용과 비슷한 일을 가정에서 경험이 있다면 이야기를 나눠봅시다.

반응

이런 일을 경험했을 때 어떤 기분이 들었나요? (관찰의 내용)

가족들의 반응은 어떠했나요?

가정의 분위기는 어떠했나요?

이미지로 표현하면 어떤 이미지인가요?

이해

이런 갈등이 일어난 이유는 무엇인가요?

이런 갈등을 다른 시각에서 볼 수 있다면 어떻게 이해할 수 있을까요?

갈등을 해결한 경험이 있다면 말해줄 수 있을까요?

결심

가정에서 갈등 해결을 위한 나의 결심은 무엇인가요?

창의대화

주제 문제를 풀어 줘

준비 포스트잇, A4, 필기도구, 보드마카

생각 이끌기

행복한 가정을 위한 문제를 해결하는 방법으로는 어떤 것들이 있을까요? 7~8개 정도 생각해보고 A4 용지에 적어 보세요.

(진행자는 '잘못된 답은 없으며, 최선의 결과를 얻기 위해 모두의 지혜가 필요함'을 강조한다)

의견 모으기

A4 용지에 적은 의견들을 한 가지씩 포스트잇 1장에 정자로 크게 적어 제출하게 한다.

제출한 의견들을 칠판(벽, 전지 등)에 붙이며 함께 읽게 한다. 모호한 의견은 제출한 학생이 설명하게 한다.

의견 분류하기

제출된 의견을 학생들이 주제별로 분류하게 한다.(학생들이 의견을 내면 진행자는 의견에 따라 주제별로 의견들을 분류한다)

이름 짓기

분류된 의견들을 대표할 이름을 짓게 한다. 여러 이름들이 나오면 공감대화를 절차를 따라 가장 적합한 이름을 합의하도록 한다.

마무리

발표한 내용들을 함께 읽게 하고 가정에서 실천하도록 강조한다. 시간적 여유가 있으면 주제에 대한 해답으로 분류된 이름을 활용하여 문제해결 원칙 1, 2, 3으로 우선순위를 정해본다.

이미지 바꾸기

주제 문제 해결을 위한 내면의 힘 키우기

갈등 해결을 위한 이미지 바꾸기 활동지

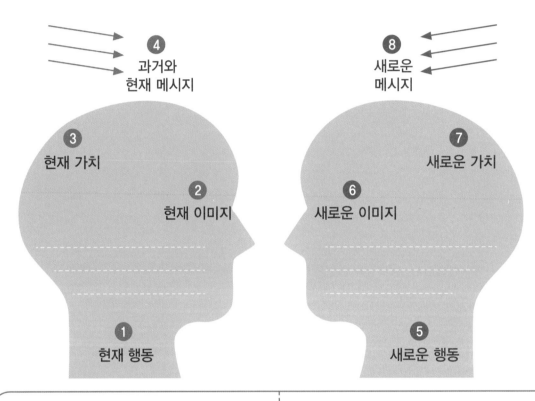

❶ 갈등이 생겼을 때 나의 반응(말과 행동)을 적어보세요.

❷ 갈등에 대한 나의 이미지를 표현해 보세요.(감정 이모티콘이나 문장으로 표현)

❸ 갈등 이미지를 형성하고 유지하게 하는 가치와 신념을 적어보세요.

❹ 갈등에 대한 나의 반응에 영향을 끼친 과거의 경험과 메시지를 적어보세요.

❺ 갈등을 해결하는 새로운 나의 반응(말과 행동)을 적어보세요.

❻ 갈등 해결을 위한 새로운 이미지를 표현해보세요.(감정 이모티콘이나 문장으로 표현)

❼ 갈등을 해결하는 새로운 이미지 형성하고 유지하기 위한 가치와 신념을 적어보세요.

❽ 갈등 해결을 잘하기 위한 새로운 메시지와 활동을 적어보세요.

동물원에 눈이 내리면

동물원에 눈이 내리면,
'어둑어둑' 새벽부터 동물들이 웁니다.
시베리아호랑이가 '어흥어흥',
시베리안허스키를 반쯤 닮은 늑대도 '아욱아욱',
아기물범과 물개가 따라 '컹컹', '커엉' 웁니다.
겨울까치 걸음 '기우뚱기우뚱' 돌아다니고,
헐벗은 겨울나무와 철창 사이사이
청솔모가 '쪼로롱 쪼로롱' 신나게 내달립니다.
아침청소를 위해 '덜컹 덜컹' 문을 여니
불곰이 '어슬렁 어슬렁' 기어나오다가
눈내리는 모습을 동그랗게 눈뜨고 쳐다보다가
이내 다시 방으로 들어가 버립니다.
옆집 사는 반달곰도 '촐랑촐랑' 따라 들어갑니다.

날다람쥐들 '씽씽씽' 지나가고,
고양이 '이쪽저쪽' 뛰어다니고,
아기 고라니는 엄마 뒤를 '씰룩쌜룩' 쫓아가며
'끼룩끼룩' 배고픈 듯 웁니다.
사자와 코끼리, 추워서 '벌벌벌' 떨고
호랑이와 원숭이도 서로 쳐다보며
'어흥 어흥', '깍깍깍' 서로 먼저 웁니다.
멀리 보이는 겨울 산에도 눈은 '차곡차곡' 쌓이고
겨울바람 '사각사각' 지나갑니다.
동물원에 눈이 내리는 날이면
동물 우는 소리로 시끄러워집니다.
그래도 그들이 우는 소리들을 잘 들어보면
겨울바람은 행복하게 '휙휙휙' 지나갑니다.

2017학년도 수능평가에 음성상징어에 대한 문제가 출제된 적이 있었습니다. 그 때 많은 학생들이 답을 맞추지 못했나 봅니다. 난이도가 최고인 문제가 되어 버렸던 거지요. 그 문제와 관련하여 이런 질문과 답변이 있었습니다.

질문: 분분하다는 음성상징어인가요?

답변: "분분하다"는 음성상징어가 아닙니다. 일단, "-하다"가, "거리다"가 붙은 단어를 음성상징어로 보기 어렵습니다. 예를 들어, "뒤뚱뒤뚱"은 의태어지만, "뒤뚱거리다" 전체를 음성상징어라고 하지는 않습니다. 또한 "탱글탱글"은 의태어지만, "탱글탱글 하다" 전체는 음성상징어가 아닙니다. 그러니까 "-거리다", "-하다"는 음성상징어가 아닙니다.

"어흥, 꿀꿀, 멍멍, 칙칙폭폭" 같은 동물이나 사람, 사물의 소리를 흉내내는 말이나 "아장아장, 꿈틀꿈틀, 엉금엉금"처럼 움직임을 표현하는 말이나 둥근 모양을 나타내는 '동글동글', 끝이 날카로운 모양을 가리키는 '뾰족뾰족' 등의 표현 방법은 모두 의성어와 의태어입니다.

의성어와 의태어는 훌륭한 언어 자극 수단입니다. 음절이 반복되면서 쉽게 외울 수 있다는 것은 언어를 담당하는 좌뇌와 리듬을 담당하는 우뇌를 동시에 발달시키기 때문입니다. 또한 언어를 이미지화하는 능력을 키워줘 상상력뿐 아니라 언어 창의성 발달에도 도움이 됩니다. 상상력을 위한 자극제로 의성어와 의태어가 들어 있는 이야기를 들려주는 것뿐만 아니라 아이들에게 적절한 의성어, 의태어를 사용하는 것은 언어를 이미지화하는 능력을 키우는 데 매우 효과적입니다. 주변의 모든 것을 의성어와 의태어로 표현해서 언어의 세계를 훨씬 더 재미있고 풍부하게 하는 경험을 해보기 바랍니다.

03   경청

경청의 의미를 이해하고 경청의 방법과 기술을 배웁니다.

1. 갈등 예방 및 해결에 도움을 줄 수 있습니다.
2. 타인에 대한 공감과 배려심을 기를 수 있습니다.
3. 상대방의 의도를 정확히 파악할 수 있습니다.
4. 원만한 관계 형성을 통하여 행복한 가정생활을 할 수 있습니다.

참고문헌

신정희(2003), 활동 중심의 경청 기술 훈련이 아동의 경청 및 공감능력에 미치는 효과, 부산교육대학교 석사학위논문.

경청은 중요합니다.

여러분! 인간관계 잘하고 있어요? 경청 잘하는 사람이 인간관계를 잘합니다. 경청만 잘해도 인간관계에서 발생하는 대부분의 문제를 해결할 수 있습니다. 경청은 관계의 문제 해결뿐 아니라 사회적 성공 여부와도 밀접하게 연관되어 있습니다.

미국 카네기 연구소에 따르면 사회생활에 성공하고 부와 명성을 얻을 수 있는 능력의 85%는 인간관계에서 결정되고, 그 인간관계의 핵심은 바로 경청이라고 합니다.

경청은 의사소통의 핵심입니다.

의사소통이란 잘 듣고 잘 반응하는 과정입니다. 사람의 의사소통 패턴은 듣기 45%, 말하기 30%, 읽기 16%, 쓰기 9%라고 합니다. 우리는 대화하면서 듣기에 가장 많은 시간을 보냅니다. 의사소통을 잘하려면 말을 유창하게 잘 하는 것보다도 남의 말을 정성을 다해 잘 듣는 것이 우선입니다. 좋은 의사소통은 상대방의 입장에서 상대방의 생각이나 감정을 잘 파악하고 거기에 자신의 반응을 맞출 줄 아는 것입니다. 잘 들으려면 상대방의 말을 경청하는 방법을 배우는 것이 중요합니다.

일반적 듣기와 경청하기가 있어요.

대화시의 듣는 형태에 따라 사람은 네 가지 유형으로 분류할 수 있다고 합니다. 자신의 고정관념으로 남을 판단하는 '판단하며 듣는 사람'이 인구의 17%, '질문하며 듣는 사람'이 26%, 상대방을 말을 듣자마자 조언을 해주고 싶어하는 '조언하며 듣는 사람'이 35%, 상대방이 이야기하는 내용과 기분까지도 공감하는 '공감하며 경청하는 사람'이 22% 등입니다.

최고의 경청법

먼저, 경청은 세 가지 형태가 있는데 수동적 경청은 상대에게 주의를 기울이거나 공감하지 않고 그저 말하도록 놓아두는 것입니다. 상대방의 말을 가로막지는 않지만, 그렇게 되면 말하는 사람이 주제에 집중하지 못하고 '어디까지 말했더라?'하고 산만하게 되지요. 적극적 경청은 말하는 사람에게 주의를 집중하고, 공감해주는 경청입니다. 상대방과 눈을 맞추고 고개를 끄덕이며, "저런!" "그래서 어떻게 되었는데요?" 와 같은 추임새를 넣으면서 듣습니다. 적극적 경청을 하면, 말하는 사람은 신이 나고 더 많은 아이디어를 내고, 존중을 받는 느낌을 갖게 되지요.

경청의 최고 단계인 맥락적 경청은 '말하지 않는 것'까지 듣는 경청입니다. 말 자체가 아니라, 어떤 맥락에서 나온 말인가, 즉 말하는 사람의 의도·감정·배경까지 헤아리면서 듣는 것입니다. 최고의 경청법이지요.

경청의 차이가 승리의 원인

천하를 통일한 진시황이 높은 조세와 백성이 감당하기 어려운 부역을 강제하는 포악한 정치를 일삼다 죽자 진시황에게 멸망했던 6국들의 후손들이 군사를 일으킵니다.

항우도 숙부 항량과 함께 초희왕을 옹립해 진나라를 공격해 갑니다. 이때 초희왕이 진나라 수도인 함양을 먼저 차지하는 자를 왕으로 삼을 것이라 말합니다. 중국 역사상 최고의 장수였던 항우는 각지의 제후들을 평정하면서 함양에 도착합니다.

그러나 함양 땅은 이미 유방이라는 보잘것없는 촌부가 차지하고 있었습니다. 초희왕의 말대로라면 유방이 왕이 되어야 합니다. 그러나 항우는 유방을 인정하지 않았습니다.

유방은 항우의 상대가 되지 못했습니다. 유방은 오히려 자신의 무지를 반성하고 항우에게 사과하면서 성을 바칩니다. 이때 항우의 책사인 범종은 훗날에 화근이 될 것이라며 유방을 죽이라고 조언합니다. 실제 연회장에서 죽이려고 시도를 하지만 실패하게 되고 평소에도 유방을 우습게 보던 항우는 유방을 살려두어도 괜찮을 거라 생각합니다. 그래서 유방을 외진 한중 땅으로 보내 버립니다.

유방은 그렇게 구사일생으로 목숨을 건지게 됩니다.

이후 초나라의 항우는 진나라를 멸하고 스스로를 서초패왕이라 부르며 진나라와의 전쟁에서 전공에 따라 공과를 나누었으나 이에 불만을 느낀 다른 6국 왕실의 후예들과 한중 땅에서 힘을 기른 유방은 항우에 대해 반기를 듭니다.

이로써 중국 역사상 가장 오래 회자되어 오는 초한 전쟁이 시작됐습니다.

항우는 초나라의 집안 대대로 귀족 집안이었습니다. 병법이 뛰어났으며 무예는 중국 역사의 최고라 할 수 있는 능력을 갖추어 제왕의 기질을 타고났다고 할 수 있었습니다. 항우는 70번의 전투에서 단 한 번도 진 적이 없었습니다. 9척 장신에 새까만 오추마를 타고 전장에 나서면 적들은 그를 보는 것만으로 두려워서 도망칠 정도였습니다.

그의 마지막 전투를 보아도 수천 명을 다 부러진 칼 한 자루로 죽일 정도로 그의 힘은 천하를 덮고 남음이 있었습니다.

반면에 유방은 농사꾼 집안으로 아주 별 볼 일 없는 동네의 백수건달이었습니다.

뭐 하나 변변한 능력이 없었습니다. 한신처럼 군사를 일으켜서 싸울 줄도 몰랐고, 소화처럼 국가재정을 꾸릴 능력도, 장자방처럼 계책을 꺼낼 줄도 몰랐습니다. 전투에 나가서 진 적이 한두 번이 아니고 항우에게 쫓겨 죽을 뻔한 고비를 넘긴 것도 여러 번이었습니다.

전쟁에서의 승자는 누가 봐도 항우가 될 것 같았습니다.

동쪽은 항우가 서쪽은 유방이 나누어 일진일퇴를 거듭하고 있었는데, 유방의 참모였던 장자방과 지평이 유방에게 적을 이길 수 있는 절호의 기회라며 휴전의 약속을 깨고 한신과 팽월을 보내 항우를 공격하도록 하였습니다. 항우는 서주 서쪽 구리산에서 사면매복에 걸리고 해하에서 사면초가에 빠져 대패하면서 장강에서 최후를 맞게 됩니다.

한나라의 황제가 된 유방은 항우를 이길 수 있었던 이유에 대해 이렇게 말합니다.

"나는 장자방처럼 교묘한 책략을 쓸 줄 모른다. 나는 소화처럼 행정을 잘 살피고 군량을 제때 보급할 줄 모른다. 나는 병사들을 이끌고 싸움에서 이기는 일은 한신을 따를 수 없다. 그러나 나는 이 세 사람을 잘 쓸 줄 안다. 반면에 항우는 범종 한 사람조차 쓰지 못했다. 이것이 내가 천하를 얻고 항우가 얻지 못한 이유이다."

항우는 정말 중요한 순간에 책사 범종의 말을 듣지 않아 결국 모든 걸 갖추고 천하를 얻을 수 있는 조건이었음에도 유방에게 패배한 것입니다. 유방은 주위 사람의 말을 귀담아 들었고 항우는 그러지 못했습니다.

결국 시정잡배에 불과했던 유방이 천하의 주인이 되고, 모든 조건을 갖추었던 항우는 패배자가 됩니다. 유방의 경청하는 태도가 천하를 제패한 것입니다. 남의 이야기에 귀를 기울이는 태도, 경청이 무엇보다 중요한 이유입니다. 경청은 예나 지금이나 성공의 중요한 덕목입니다.

▲ 유방(왼쪽)과 항우, 4년의 초한전쟁에서 최후의 승자는 유방이었다.

공감대화

주제 말하는 것보다 더 중요하고 어려운 것은 잘 듣는 것

준비 블라인드 워킹 활동지, 필기도구, 안대(칠판을 4칸으로 나누고 질문에 대한 학생들의 대답을 단계별로 구분해서 기록하면서 진행한다)

블라인드 워킹(눈 감고 따라하기)

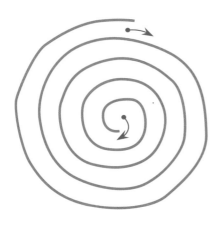

1. 둘씩 짝을 만들어 주세요.

2. 왼쪽에 있는 친구는 볼펜을 시작 점에 대고 눈을 감고 오른쪽 친구의 지시를 기다려 주세요.

3. 시작이라는 구령과 함께 오른쪽 친구가 왼쪽 친구에게 '왼쪽으로', '오른쪽으로', '위로', '아래로', '2시 방향으로', '6시 방향으로' 등의 지시를 하고 왼쪽 친구는 지시에 따라 3분 동안 볼펜을 이동합니다.(게임 진행)

4. 이번에는 역할을 바꾸어 오른쪽 친구가 시작점에 볼펜을 대고 눈을 감고, 위와 같은 방법으로 시작이라는 구령과 함께 왼쪽 친구의 지시에 따라 볼펜을 이동해 주세요.(게임 진행)

관찰 – 사실확인

블라인드 워킹 활동을 합니다.

반응

내가 말을 할 때 어떤 기분이 들었나요?

듣는 상대방은 어떤 기분이 들었을까요?

내가 들을 때 어떤 기분이 들었나요?

말하는 상대방은 어떤 기분이 들었을까요?

가정에서 듣기와 말하기와 관련되어 기억나는 경험이 있나요? 이야기해 주세요.

이해

이 활동을 잘하기 위한 방법은 무엇인가요?

말할 때와 들을 때의 마음이 다른 이유는 무엇인가요?

듣기와 말하기와 관련된 사자성어나 명언이 어떤 것이 있을까요?

이 활동이 주는 교훈이 무엇인가요?

결심

이 활동을 하고 나서 내가 결심해야 할 것은 무엇인가요?

창의대화

주제 어떻게 하면 잘 들을 수 있을까?

준비 포스트잇, A4, 필기도구, 보드마카(칠판, 벽 등을 활용해서 활동을 진행한다)

생각 이끌기

경청! 잘 듣기 위해서는 어떤 방법들이 있을까요? 7~8개 정도 생각해보고 A4 용지에 적어보세요.

(진행자는 '잘못된 답은 없으며, 최선의 결과를 얻기 위해 모두의 지혜가 필요함'을 강조한다)

의견 모으기

A4 용지에 적은 의견들을 한 가지씩 포스트잇 1장에 정자로 크게 적어 제출하게 한다.

제출한 의견들을 칠판(벽, 전지 등)에 붙이며 함께 읽게 한다. 모호한 의견은 제출한 학생이 설명하게 한다.

의견 분류하기

제출된 의견을 학생들이 주제별로 분류하게 한다.(학생들이 의견을 내면 진행자는 의견에 따라 주제별로 의견들을 분류한다)

이름 짓기

분류된 의견들을 대표할 이름을 짓게 한다. 여러 이름들이 나오면 공감대화의 절차를 따라 가장 적합한 이름을 합의하여 정하도록 한다.

마무리

발표한 내용들을 함께 읽게 하고 가정에서 실천하도록 강조한다.

이미지 바꾸기

주제 나의 귀는 당나귀 귀?

경청 이미지 바꾸기 활동을 위한 활동지

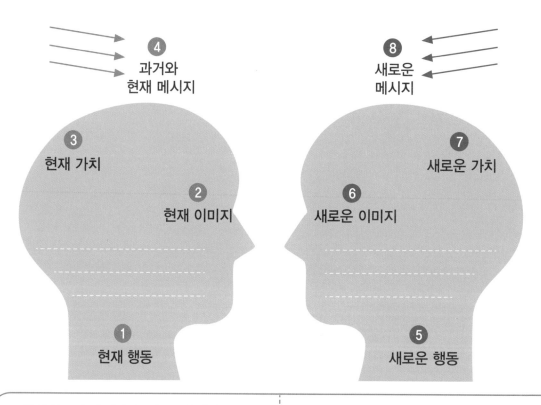

① 현재 부모님 및 선생님, 친구들이 말할 때 나의 듣는 모습을 적어보세요.

② 현재 경청에 대한 나의 이미지를 표현해 보세요.(감정 이모티콘이나 문장으로 표현)

③ 경청 이미지를 형성하고 유지하게 하는 가치와 신념을 적어보세요.

④ 지금의 듣는 모습을 갖게 한 과거 경험과 메시지는 무엇인가요?

⑤ 경청을 잘하는 나의 모습을 적어보세요.

⑥ 경청을 잘하는 새로운 이미지를 표현해 보세요.(감정 이모티콘이나 문장으로 표현)

⑦ 새로운 경청 이미지 형성하고 유지하기 위한 가치와 신념을 적어보세요.

⑧ 경청을 잘하기 위한 새로운 메시지, 활동을 적어보세요.

칭기즈칸의 리더십

칭기즈칸은 인류 역사에서 최대의 땅을 지배했던 정복군주입니다.

13세기 초 칭기즈칸이 이끌던 몽골의 기마군단은 아시아와 중동은 물론 유럽 대륙까지 문명세계의 거의 전부를 정복했습니다. 몽골의 인구가 1백만에 불과했으나 점령지의 인구는 약 1억이었습니다.

칭기즈칸은 이름도 쓸 줄 모르는 문맹이었습니다. 글도 모르고 평원을 떠돌던 칭기즈칸이 어떻게 무수한 나라를 정복하고 그 큰 제국을 150년이나 지배할 수 있었을까요? 어떻게 그런 '일당 백'의 정복과 통치가 가능했을까요?

몽골의 기마군단은 깨어지지 않는 기록을 두 개 갖고 있습니다. 그들은 두 차례나 러시아로 쳐들어가 매서운 추위를 이겨내고 정복에 성공했습니다. 수백 년 뒤에 나폴레옹과 히틀러도 쳐들어갔지만, 러시아의 겨울을 이겨내지 못하고 얼어 죽는 병사들이 속출하면서 전쟁에 패했습니다. 그러나 몽골의 기마군단은 그 겨울 추위를 이겨낸 것입니다.

또 하나는 속도입니다. 몽골 기마군단은 하루 평균 1백km를 주파했다고 합니다. 이 속도는 2차 세계대전에서 독일 전차기갑군단의 속도보다 더 빠른 것이었습니다.

칭기즈칸은 몽골을 통일한 뒤 수많은 부족의 집단적 이기주의를 누르고 권력을 중앙으로 집중하기 위해 '케식'이라 불린 친위대를 조직합니다. 이 친위대는 약 1만 명의 장병으로 구성되었습니다. 친위대는 몽골의 모든 부족을 다 망라하였고 부족의 이해관계에 종속되지 않고 오로지 칭기즈칸과 국가를 위해서만 충성하는 정예 부대가 만들어진 것입니다. 칭기즈칸은 귀족들의 아들들을 이 부대로 끌어들임으로써 부족장들이 반란을 일으키지 못하도록 일종의 인질로 삼았습니다.

칭기즈칸은 명령을 내릴 때는 철저했지만, 평소에는 듣기를 많이 했다고 합니다. 회의 시에도 주로 들었고 부하의 말과 의견에 귀 기울이면서 현명해지고 지혜로워지는 방법을 배우고자 했다고 합니다. 똑똑하고 현명하다는 것은 자신의 말과 의견을 내세우기 이전에 남의 얘기를 잘 들을 줄 알아야 한다는 지도력을 의미합니다. 그리고 그 결과로써 대제국 건설의 위업을 이루어낸 것입니다.

칭기즈칸은 몽골의 말발굽에 짓밟힌 사람들에게는 악마 같았던 사람이었지만 부하들을 골육의 정으로 사랑한 사람이었고 부하들의 말을 들을 줄 아는 경청의 리더십을 가진 지도자였던 것입니다.

▲ 칭기즈칸 〈위키백과〉

04 감사

감사의 정의와 의미를 이해하고 배우며 이를 실천하는 능력을 기릅니다.

1. 감사의 중요성을 이해합니다.
2. 가족에게 감사 표현을 합니다.
3. 감사를 느끼고 표현함으로써 행복감을 찾습니다.

참고문헌

뇔르 C 낼슨, 이상춘역 "감사의 힘", 한문화, 2013년.

감사의 의미

감사는 다른 사람으로부터 호의나 도움을 받았을 때 생겨나는 기쁜 감정입니다. 자신에게 베풀어진 다른 사람의 고마운 수고와 배려를 인식하고 반응하는 거지요. 감사는 고마움을 말과 행동으로 표현하는 과정이며 인지적, 정서적, 행동적 동기 등의 요소가 포함된 표현입니다. 감사는 인간사회의 구성원에게 가장 필요한 덕목으로 여겨져 왔으며, 개인이나 사회의 성숙도를 나타내는 주요 척도이기도 합니다.

감사에도 차원이 있습니다.

1차원적인 감사는 조건부(if) 감사입니다. 조건이 성취되면 감사하는 것으로서 가령, 내가 다른 사람보다 더 잘되거나 더 많이 갖게 되면 감사하겠다는 것과 같은 것입니다. 상대방과 비교하면서, 자신이 갖지 못한 것만을 불평하는 어린 아이 수준의 감사라고 할 수 있습니다.

2차원적인 감사는 무엇을 받았기 때문에(because) 받은 것 중에 일부를 드리는 감사입니다. 자기보다 못한 사람과 비교하여 자신이 받은 것에 대하여 감사하며 보답하는 마음과 행동을 보이는 단계의 감사입니다.

3차원적인 감사는 불행을 당해도, 어려워도, 일이 안 되어도 그럼에도 불구하고(in spite of) 감사하는 것으로서, 모든 조건과 상황에서도 감사하는 것입니다.

감사의 심리적, 사회적, 신체적 효과를 알아볼까요?

감사하면 할수록 자부심, 긍정감, 원활한 대인관계, 자기실현, 친사회적인 행동 등을 일으키는 에너지가 증가합니다. 감사하는 지혜가 생기게 하고, 질병을 감소시키고, 신체적인 건강을 증진시키기도 합니다. 감사가 인간관계, 의사결정능력, 관리능력, 생산성을 증가시켜 목표에 도움을 줄 수도 있습니다.

감사일기(편지)를 썼더니.

심부전증이 있는 환자를 대상으로 8주간 매일 감사 일기를 작성하도록 한 결과 시간이 경과할수록 부교감 신경 활성도가 증가하고 심장의 염증이 감소한다는 보고가 있었습니다. 60명의 성인에게 3일간의 감사 프로그램을 적용하여 1주 동안 추적 관찰한 결과 삶의 만족도와 자존감이 향상되었다고도 합니다. 일주일 동안 매일 세 가지를 적게 한 결과 행복지수가 높아졌고, 그 효과가 1개월, 3개월, 6개월 후에도 지속되었다고 합니다.

30년 동안 감사일기를 써 온 오프라 윈프리

오프라 윈프리는 1954년 미시시피주 코지어스코에서 미혼모의 사생아로 태어났습니다.

그녀는 어머니의 품이 아닌 할머니 손에서 자라면서 거의 매일 매질을 당했고 아홉 살 때는 사촌오빠에게 성폭행을 당해 14세에 미숙아를 출산하기도 했습니다. 그녀의 아이는 태어난 지 2주 만에 죽었다고 합니다.

그 이후로도 어머니의 남자친구나 친척 아저씨 등에게 끊임없는 성적 학대를 받았습니다. 20대 초반에는 가출하여 마약복용으로 하루하루를 지옥같이 살았다고 합니다.

그녀는 사생아였고 흑인이었으며, 가난했고, 뚱뚱했고, 미혼모였고, 마약중독자였던 것입니다.

하지만 오프라 윈프리는 지금은 누구보다 눈부신 존재입니다. 세계에서 출연료가 가장 비싼 여인입니다.

영화와 텔레비전 프로제작·출판·인터넷 사업을 총망라한 '하로 오락 그룹'의 회장으로, 미국인이 가장 존경하는 여성으로, '20세기의 인물'이 되었으며 미국을 움직이는 또 하나의 힘이자 막강한 상표입니다.

오프라 윈프리는 현재 미국 내 시청자만 2200만 명에 전 세계 105개국 1억 4000만 시청자를 웃고 울리는 지상에서 제일 유명한 토크쇼의 여왕입니다.

흑인 최초의 '보고'지 패션모델과 영화배우로, 1년에 1억 5000만 달러를 버는 자산 10억 달러 이상의 갑부가 되었습니다.

그녀는 사람들이 인생에서 가장 얻고 싶다는 인기와 존경, 돈을 모두 가진 여성이 되었습니다.

윈프리 자신의 성공비결은 책 읽기와 감사일기에 있다고 말합니다.

어릴 적부터 책 읽기를 좋아한 그녀는 언제부터인가 하루 동안 일어난 일 중 감사한 일 다섯 가지를 찾아 기록하는 감사일기를 지금까지 하루도 빼지 않고 있습니다.

감사의 내용은 "오늘도 거뜬하게 잠자리에서 일어날 수 있어서 감사합니다.", "유난히 눈부시고 파란 하늘을 보게 해 주셔서 감사합니다.", "점심때 맛있는 스파게티를 먹게 해 주셔서 감사합니다." 등 거창하거나 화려하지 않고 지극히 일상적이고 소소한 것들입니다.

그녀는 감사일기를 통해 두 가지를 배우게 됐다고 합니다.

하나는 인생에서 소중한 것이 무엇인지, 그리고 또 하나는 삶의 초점을 어디에 맞춰야 하는지를 알게 되었다고 합니다. 감사하는 마음이 그녀를 세계 최고의 자리에 오르게 했습니다.

바벰바 족의 아름다운 용서

바벰바 족은 아프리카 잠비아 북부의 고산지대 화전민 부족입니다. 이 부족은 범죄율이 아주 낮아 인류학자나 사회학자들에게 연구대상이었습니다.

연구결과, 이 부족의 낮은 범죄율의 비결은 마을에서 일탈행위자나 범죄자가 생기면, 벌을 주는 것이 아니라 부락민들이 그 사람을 칭찬하는 공개 릴레이를 하는 기발한 의식에 있다는 것입니다.

부족 중 한 사람이 잘못을 저지르면 그를 마을 한복판 광장에 데려다 세웁니다.

마을 사람들은 모두 일을 중단하고 남녀노소 할 것 없이 광장에 모여 죄인을 중심으로 큰 원을 이루어 둘러섭니다. 그리고 한 사람씩 돌아가며 모두가 들을 수 있는 큰 소리로 한마디씩 외칩니다. 그 내용은, 가운데 서 있는 사람이 과거에 했던 좋은 일들입니다. 그의 장점, 과거 선행 등을 하나씩 열거하는 것입니다.

"이 사람은 지난번에 우리 가족에게 식량을 나누어 주었어요."
"저번에는 실력을 발휘해 큰 사냥을 성공으로 이끌었어요."
"지난 번 마을에 일손이 필요했을 때 적극 나섰답니다."

어린 아이까지 빠짐없이 말하게 합니다. 과장이나 농담은 금지됩니다. 심각하고 진지하게 말합니다.

판사도 검사도 없고 변호사만 수백 명 모인 법정과 같습니다. 아무도 문제 인물을 비난하지 않습니다. 몇 시간이고, 며칠이고 걸쳐서 칭찬의 말이 바닥이 나도록 다하고 나면 그때부터 축제가 벌어집니다.

이 놀라운 '칭찬 폭격'은 죄짓고 위축되었던 사람의 마음을 회복시켜주고, 이웃 사랑에 보답하는 생활을 하겠다는 눈물겨운 결심을 하게 만듭니다.

그 결과, 이 부족에는 범죄행위가 거의 일어나지 않게 됩니다.

누구나 저지를 수 있는 잘못을 저지른 사람을, 그 사람의 자존심을 훼손시키지 않고, 긍정적이며 우정 어린 방법으로 교화시키는 방법입니다. 칭찬으로 잘못을 이기도록 하는 것입니다.

지구 위에 존재하는 가장 아름다운 용서의 순간입니다.

▲ 범죄가 없던 이유는 벌이 아니라 용서였습니다.

공감대화

주제 나를 낳아 주셔서 감사합니다!

준비 **딕 호이트 동영상 감상하기**(유튜브나 인터넷의 동영상 활용, 칠판에 4칸을 나눠 질문에 대한 대답을 단계별로 구분해서 기록하면서 진행한다)

동영상 보기

아버지 딕 호이트는 1940년 미국 매사추세츠 주에서 태어났습니다. 학창 시절 미식축구와 야구 선수로 활약했고 매사추세츠 주 방위군의 공군 중령으로 퇴역했습니다.

1962년 첫째 아들 릭이 태어났으나, 출산 과정에서 탯줄이 목을 감아 뇌에 손상이 갔고 이 때문에 평생 뇌성마비 장애를 안고 살게 되었습니다. 아들이 비록 장애아였지만 보통 아이들과 똑같이 다양한 경험을 하며 자라게 하고 싶었던 딕은 릭의 공립 학교 입학, 대학교 입학, 스포츠 활동을 전폭적으로 지지했습니다.

이들 부자는 1977년부터 '팀 호이트'라는 이름으로 보스턴 마라톤과 하와이 철인 3종 경기 대회 등 1,000회 이상의 레이스에 출전해서 전 세계 사람들에게 진한 감동을 전해 주었습니다.

관찰 – 사실확인……

영상에 나오는 내용을 말해 봅시다.
등장인물, 환경, 성장과정, 경험한 일을……

반응

동영상을 보고 어떤 기분이 들었는가요?
어떤 장면에서 기쁨, 감동, 힘듦, 슬픔 등의 감정을 느꼈나요?
동영상을 보고 나서 어떤 이야기가 떠올랐는가요?

이해

영상이 자신에게 주는 교훈은 무엇인가요?
어려움을 극복한 힘은 무엇인가요?
내가 아버지라면 어떤 마음이었을까요?
내가 만약 동영상 속의 아들이라면 아버지에게 어떤 말을 하고 싶은가요?

결심

영상을 보고 난 후에 나의 결심은 무엇인가요?

창의대화

주제 감사는 어떻게 습관으로 만들 수 있을까?

준비 포스트잇, A4, 필기도구, 보드마카(칠판, 벽 등을 활용해서 활동을 진행한다)

생각 이끌기

(지난 시간 공감대화의 내용을 잠시 기억하게 하며) 행복한 가정을 위해 가족들에게 감사를 표현해야 할 일에는 어떤 것들이 있을까요? 생각해보고 10가지 이상을 A4 용지에 적어보세요.

(진행자는 '잘못된 답은 없으며, 최선의 결과를 얻기 위해 모두의 지혜가 필요함'을 강조한다)

의견 모으기

A4 용지에 적은 의견들을 한 가지씩 포스트잇 1장에 정자로 크게 적어 제출하게 한다.

제출한 의견들을 칠판(벽, 전지 등)에 붙이며 함께 읽게 한다. 모호한 의견은 제출한 학생이 설명하게 한다.

의견 분류하기

제출된 의견을 학생들이 주제별로 분류하게 한다.(학생들이 의견을 내면 진행자는 의견에 따라 주제별로 의견들을 분류한다)

이름 짓기

분류된 의견들을 대표할 이름을 짓게 한다. 여러 이름들이 나오면 공감대화의 절차를 따라 가장 적합한 이름을 합의하여 정하도록 한다.

마무리

발표한 내용들을 함께 읽게 하고 가정에서 실천하도록 강조한다.
(오프라 윈프리처럼 감사일기를 써보세요)

이미지 바꾸기

주제   감사는 나의 힘

감사 표현의 이미지 바꾸기 활동지

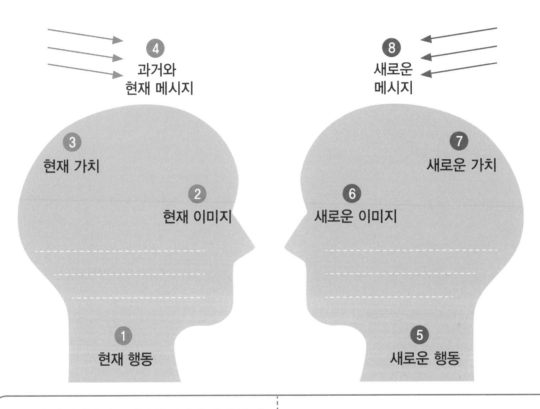

④ 과거와
현재 메시지

⑧ 새로운
메시지

③ 현재 가치

⑦ 새로운 가치

② 현재 이미지

⑥ 새로운 이미지

① 현재 행동

⑤ 새로운 행동

---

❶ 현재 많이 사용하는 단어(습관적인 말투)를 적어보세요.

❷ 많이 사용하는 단어에 대한 나의 이미지를 표현해보세요. (감정 이모티콘이나 문장으로 표현)

❸ 말에 대한 현재 이미지를 형성하고 유지하게 하는 가치와 신념을 적어보세요.

❹ 지금 많이 사용하는 단어에 대한 과거 경험과 메시지는 무엇인가요?

❺ 행복한 가정을 위해 '감사' 단어를 사용하여 구체적으로 감사표현 문장을 적어봅시다. 예) 나는 밥 먹을 때마다 어머니에게 감사합니다.

❻ 감사를 표현하는 나의 새로운 이미지를 표현해보세요. (감정 이모티콘이나 문장으로 표현)

❼ 새로운 감사 이미지를 형성하고 유지하기 위한 가치와 신념을 적어보세요.

❽ 감사 이미지를 갖기 위한 새로운 메시지, 활동을 적어보세요.

매사에 감사하는 마음을 갖자

우리는 생활의 모든 것에 감사하며 살아야겠습니다.

세상의 모든 것은 감사할 일로 이루어져 있습니다. 감사하는 마음이 없는 세상을 상상할 수 있을까요? 감사하는 마음이야말로 세상을 보는 우리의 첫 번째 시선이 되어야 합니다. 그리고 감사하는 마음이 감성의 시작이 되어야 합니다. 우리는 항상 사회에 도움을 받고 함께 살아가지만, 우리가 받는 도움의 의미를 다 알지는 못합니다.

'감정 노동자 보호법'이라는 것이 있습니다. 자신의 솔직한 감정을 숨기고 전시적 감정으로 고객을 상대해야 하는 감정 노동 근로자 분들이 고객의 감정적 가해로부터 제대로 보호를 받지 못해서 스트레스가 극에 달하는 경우가 많다고 합니다. 사람의 감정에는 톤이 있습니다. 매일 감정을 다뤄야 하는 사람이라면 자신의 감정을 잘 다스릴 줄도 알아야 합니다. 자신의 감정을 잘 다스리기 위해서는 매사에 감사하는 마음을 가지고 있어야 합니다.

감사하는 마음이 지닌 힘에 대해 말해 보겠습니다.

감사하는 마음에는 신비한 힘이 있습니다. 감사하는 마음이 지닌 힘에는 밝은 에너지가 있습니다.

감사하는 마음은 신체와 심리에 깊이 관여하는 요소가 됩니다. 감사하는 마음이라는 에너지를 가지고 있는 동안에 사람의 신체와 정서에 변화가 일어납니다.

감사하는 마음은 정서적으로 안정되도록 도와 주기도 하고 평안한 삶을 꾸리게 돕는 것은 물론 마음의 상처에 대한 회복을 수월하게 하고 일상에서 받는 스트레스를 덜어 줍니다.

감사는 인사가 아니라 생활이어야 합니다.

"감사합니다"를 하루에 10번만 한다면 세상이 달라 보입니다. 감사하는 마음은 신비한 힘을 가지고 있습니다. 감사는 그 자체만으로도 감사하는 사람과 상대방에게 감동과 위안을 줍니다.

감사한 사람의 이름을 한번 떠올려 봅시다.

그 사람의 어느 것이 나로 하여금 감사하는 마음을 가지게 했을까를 생각해 보고 감사함을 표현하지 못했다면 지금이라도 감사하다는 말을 전해봅시다.

세상의 모든 것에 감사하는 마음을 가집시다.

감사하는 마음이 사람의 감정에 선한 영향을 끼친다는 연구 결과는 많다. ▶

◉ 가정에서의 나에 대해 생각해 봅니다.

2. 소통하는 학교

학습 목표
1. 자신이 어떤 사람인가를 이해할 수 있습니다.
2. 친구들을 이해할 수 있습니다.
3. 나-메세지(I-message)를 통해 친구와 소통할 수 있습니다.
4. 우리 학교에 대한 애정과 신뢰를 가질 수 있습니다.

01

나를 알아줘!

자기 자신을 이해하고 자신을 다른 사람에게 표현하는 능력을 기릅니다.

1. 나의 생각이나 행동에 관하여 한 번 더 생각해 볼 수 있습니다.
2. 친구와 친밀감을 형성하고 화합할 수 있습니다.
3. 친구와 내가 다름을 알 수 있습니다.

참고문헌

정빙화(2016), 더불어 다문화환대를 지향하는 교회교육 연구, 장로회신학대학원 석사학위논문.

세상 모든 사람이 나와 같다면

어느 날 눈을 뜨고 일어났더니, 어제까지 내 주위에 있던 사람들은 다 사라지고, 온 세상에 나와 꼭 같은 사람들만 있습니다.

어머니가 나로 변해 있고, 아버지도 내가 되어 있으며, 친구들도 모두 나로 변해 있습니다. 그래서 세상의 수많은 사람들이 나처럼 생각하고, 나처럼 행동합니다. 기계에서 찍어낸 똑같이 생긴 인형, 로봇 세상과 다를 것이 없는 세상입니다.

나만 있는 세상은 내가 없는 세상과 같습니다. '나'는 다른 사람과 구별된 때에 의미가 있습니다.

세상에 오직 한 가지 색, 빨강색만 있다면, 검정색만 있다면 어떨까요? 세상이 아름다운 것은 수많은 색들이 서로 조화를 이루고 있기 때문입니다. 세상은 나와 다른 사람들로 가득해서 아름답고, 나와 같은 사람이 없기 때문입니다.

네가 있으므로 내가 있습니다.

너와 나는 생김새가 다르고, 성격이 다르며, 생각이 다르고, 취향이 다르고, 느끼는 것이 다르며, 행동이 다릅니다. 다름은 새로운 창조이고, 조화로운 아름다움이며, 축복입니다. 너와 나의 다름을 통해 나를 더 알게 되고 너를 이해할 수 있으며, 세상을 알아가게 됩니다.

세상이 다양한 것처럼, 사람들도 다양합니다.

더불어 행복하게 사는 세상은 다름을 인정하고, 다름을 수용하며, 다름을 존중하는 세상입니다.

세상은 서로 다른 사람들이 더불어 살아가는 곳입니다.

대부분의 선진국들은 다민족, 다문화 국가입니다. 미국은 인디언 원주민을 제외하고는 모두 이주민으로 구성되어 있습니다.

미국에는 모국의 개념이 없고 '~계 미국인'들이 모여 사는 공동체입니다. 캐나다는 서로 다른 민족들의 정체성을 있는 그대로 존중하고 공존하며 살아가는 '모자이크 국가'로 부릅니다.

우리나라는 2020년 말을 기준으로 외국인 250만 명의 시대가 열렸습니다. 5년 안으로 300만 명에 이를 것으로 전망되고 있습니다. 유학생들을 비롯하여 임시 거주하는 분들까지 합치면 이미 300만입니다.

더불어 사는 세상을 만들기 위해서는, 개인과 개인이, 가족과 가족이, 공동체와 공동체가, 민족과 민족이, 나라와 나라가 서로 다름을 인정하고, 서로 다름을 이해하며, 서로를 존중해야 합니다.

서로 다름은 분리가 아니라 완성이며, 틀림이 아니라 조화이고, 이상한 것이 아니고 아름다움입니다.

다문화 가정의 말썽꾼, 완득이

이한 감독이 다문화 가정이라는 주제에 웃음과 해학을 넣어 이해하기 쉽게 접근한 김려령의 원작 소설 '완득이'를 영화로 만들어 흥행에 크게 성공해 주목을 받았습니다.

영화 속의 주인공 완득이는 '코리안 드림'을 안고 결혼이민자로 온 어머니와 장애인 아버지 사이에서 태어난 다문화 가정의 2세입니다. 그러나 완득의 부모는 가난한 나라에서 왔다는 이유로 쏟아지는 사회적 멸시 때문에 헤어지고 맙니다. 그렇게 편부 가정에서 자란 완득이에게 한국사회의 교육 환경은 너무나 열악합니다. 다문화 가정을 바라보는 사회의 시선때문입니다.

완득이 아버지의 입을 통해 우리 사회가 결혼이민자를 바라보는 시선이 극명하게 드러납니다.

"그 사람 나라가 가난해서 그렇지, 그 나라에서 배울 만큼 배운 사람이야."

또한 결혼이민자를 바라보는 이중성까지 존재합니다. '친절과 천대'의 차이랄까요. 미국, 영국, 프랑스 등 백인 결혼이민자와 동남아 결혼이민자를 바라보는 시각은 천지 차이입니다.

한국 사회는 다른 민족에게는 부끄러운 이중성을 나타냅니다.

'인간은 누구나 평등하다'는 건 말뿐인 것이 현실입니다. 그러나 차별의 아픔은 먼 나라의 이야기가 아닙니다. 일제강점기에 나라를 잃고 하와이 등지로 떠돌아야 했던 한국인들의 아픔을 잊어서는 안 될 것입니다.

언론 등이 발표한 바로는 우리나라 청소년들의 고등학교 진학률은 평균 90%가 넘습니다. 하지만 다문화 가정의 경우는 평균 50%를 넘지 못합니다.

다문화 가정이 겪는 문제는 교육 문제 뿐만이 아닙니다.

부부간 언어 소통 문제, 고부 갈등, 일자리 문제, 육아 문제, 결혼 이민자를 바라보는 사회 시선 등 어느 한 가지도 만만한 것이 없습니다.

이제 다문화 가정에 대한 사회적 관심이 필요한 시기입니다. 서로 다르다는 이유로 차별을 하거나 이해할 수 없다고 하면 안 됩니다. 다문화 가정에 대한 인식의 변화가 꼭 필요한 시대가 되었습니다. 우리 사회는 이미 많은 다문화 가정이 있고 많은 완득이들이 자라고 있기 때문입니다.

▶ 다문화 가정의 현실을 표현했던 소설

차별을 이겨낸 한국인, 한현민

한현민은 검은 피부에 곱슬머리를 가진 한국인입니다. 정확히 표현하면 한국인 어머니와 나이지리아 아버지 사이에서 태어난 다문화가정, 즉 혼혈 모델입니다.

미국 시사주간지 타임스지가 '2017 가장 영향력 있는 10대 30인'에 한국인으로는 유일하게 이름을 올린 한국인 모델입니다.

한현민은 라디오 한 인터뷰에서 "운이 좋았던 것 같다.", "타임스지에서 예쁘게 봐주셔서 감사드리고 하루하루가 신기하다."라고 말합니다. 한현민은 중학생 때 게임 하기 위해 자주 가던 PC방의 알바생이었던 형이 '우리 사촌 형이 옷가게를 하는데 모델을 찾는다 해서 너 사진을 보여줬더니 연락 좀 달라고 하더라'고 해서 그 옷가게에 가서 옷을 입고 사진을 찍었는데, 그 사진을 본 모델 에이전시에게서 연락이 와서 정식 모델로 데뷔하게 되었고 국내 1호 혼혈 모델이 되었다고 합니다.

한현민은 다문화가정과 혼혈에 대한 우리 사회의 편견을 이기는 것이 아주 어려웠다고 합니다.

피부색이 다르다는 이유로 어릴 때부터 놀림이 당했고. 특히 "쟤는 까매서 안 돼. 한국에서 안 먹힐 거야."라는 이야기도 들었다고 말합니다. 그 때마다 한현민의 부모님은 "너는 특별 하단다." "언젠가 좋은 일이 생길 거야."라고 얘기해 주었다고 합니다.

한현민은 그 말이 많은 힘이 되었다고 말합니다.

한현민은 이어서 말하길 어렸을 땐 백인 혼혈이라 하면 대개 "우와" 이러는데 흑인 혼혈이면 "너 되게 많이 힘들겠다."라고 이야기하는 것이 많이 힘들었다고 말합니다. 인종에 대한 편향된 시선이 마음에 상처가 된 것입니다.

한현민은 자기가 모델로 데뷔한 이후에는 다문화 가정을 바라보는 패션계 인식도 많이 바뀌는 것 같다고 말하면서 패션계 뿐만 아니라 한국 사회에서 차별이나 편견들이 없어졌으면 한다고 말합니다.

피부색이 다르다 하여 차별 받는다거나 특정의 소수자 집단이 무시되거나 차별 받지 않고 인간으로서의 보편적 권리를 함께 나누는 사회가 되도록 노력해야 합니다.

우리는 지금 세계가 하나의 가족과 같은 시대를 살아 가고 있습니다.

▲ 나무위키에 있는 한현민 사진

공감대화

주제   나는 어떤 사람일까?

준비   사례를 읽고 자신에게 해당되는 문장을 체크한 후 칠판에 기록하지 않고 질문과 학생들의 대답으로 진행한다.

나는 어떤 사람일까요?

사람들은 각각 다른 성격을 지니고 있으며, 자신과 타인의 성격에 관심을 가지며 살고 있다.

그 성격은 자기 자신과 타인의 삶에 실제적인 영향력을 끼친다. 아래 사례는 사람들의 성격을 나타내는 다양한 표현들이다.

사례

사려깊다, 협조적이다, 창의적이다, 다른 사람에게 관심이 있다, 인내심이 많다, 정리정돈을 잘한다, 참을성이 많다, 유연하다, 우호적이다, 외교적이다, 전략적이다, 자신감이 있다, 생각이 깊다, 예의 바르다, 긍정적이다, 사람들을 존중한다, 책임감이 강하다, 도움을 준다, 신뢰가 있다, 논리적이다, 예술적이다, 시각적이다, 청각적이다, 동정적이다, 세밀하다, 거시적으로 생각한다, 헌신적이다, 에너지가 많다, 판단하지 않는다, 공정하다, 편협하게 생각하지 않는다, 편안하다.

관찰 - 사실확인

옆의 사례를 보고 나를 가장 잘 설명한 문장을 체크해봅시다.

옆 친구에게 나에게 해당하는 문장을 체크해 달라고 요청합니다.

반응

체크한 항목(내가 체크한 것, 친구가 체크 해준 것)을 깊이 생각 할 때 어떤 기분이 드는가요?(감정 이모티 콘으로 표현해봅시다)

이해

문장체크를 통해 새롭게 발견한 나는 어떤 사람인가요?

체크 항목을 보면서 나에게 별칭을 붙인다면 어떤 이름을 지어줄 수 있을까요? 별칭을 그렇게 지은 이유를 말해봅시다.

옆의 사례 외에 나를 표현할 수 있는 단어, 문자에는 어떤 것이 있나요?

결심

체크의 내용을 참고해서 나를 표현하는 문장을 만들어봅시다.

창의대화

주제 나를 잘 표현하기

준비 포스트잇, A4, 필기도구, 보드마카(칠판, 벽 등을 활용해서 활동을 진행한다)

생각 이끌기

(지난 시간 공감대화 내용을 상기하고) 나를 잘 나타낼 수 있는 표현들은 어떤 것들이 있을까요? 7~8개 정도 생각해보고 A4에 적어보세요.

(진행자는 '잘못된 답은 없으며, 최선의 결과를 얻기 위해 모두의 지혜가 필요함'을 강조한다)

의견 모으기

A4 용지에 적은 의견들을 한 가지씩 포스트잇 1장에 정자로 크게 적어 제출하게 한다.

제출한 의견들을 칠판(벽, 전지 등)에 붙이며 함께 읽게 한다. 모호한 의견은 제출한 학생이 설명하게 한다.

의견 분류하기

제출된 의견을 학생들이 주제별로 분류하게 한다.(학생들이 의견을 내면 진행자는 의견에 따라 주제별로 의견들을 분류한다)

이름 짓기

분류된 의견들을 대표할 이름을 짓게 한다. 여러 이름들이 나오면 공감대화의 절차에 따라 가장 적합한 이름을 합의하여 정하도록 한다.

마무리

발표한 내용들을 함께 읽게 하고 잘 활용하도록 권하면서 마무리 한다.

이미지 바꾸기

주제 나는 멋진 사람이구나!

나의 이미지를 바꾸기 위한 활동지

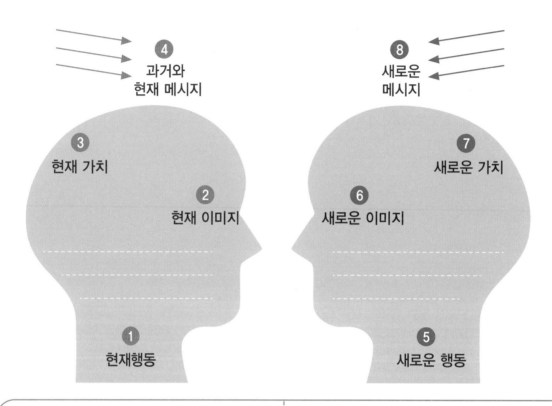

❶ 지금의 나의 모습을 표현해보세요.(성격, 습관, 꿈 등)	❺ 변하고 싶은 나의 모습을 표현해보세요.(성격, 습관, 꿈 등)
❷ 현재 자신의 모습에 대한 이미지를 표현해보세요.(감정 이모티콘이나 문장으로 표현)	❻ 자신의 새로운 이미지를 표현해보세요.(감정 이모티콘이나 문장으로 표현)
❸ 현재 자신의 이미지를 형성하고 유지하게 하는 가치와 신념을 적어보세요.	❼ 새로운 자신의 이미지를 형성하고 유지하기 위한 가치와 신념을 적어보세요.
❹ 지금의 나를 표현하도록 한 과거 경험과 메시지는 무엇인가요?	❽ 새로운 이미지 변화에 필요한 메시지, 활동을 적어보세요.

사막여우가 말하는 2인칭의 관계

작은별에 홀로 살던 어린왕자는 지구에서 여우 한 마리를 만납니다. 사막여우는 어린왕자에게 서로가 서로에게 '길들여지는 법'에 대해 말해줍니다.

"만일 네가 나를 길들인다면 네가 4시에 날 찾아 온다면 나는 3시부터 행복해지기 시작할거야. 시간이 갈수록 난 점점 더 행복해지겠지. 4시에는 흥분해서 안절부절 못할 거야. 그래서 행복이 얼마나 값진 것인가 알게 되겠지!" 라고 말합니다.

여우가 말하는 '나'는 1인칭입니다. 그리고 나에게 아무런 의미와 가치가 없는 존재는 3인칭이 됩니다. 모든 3인칭 대상들은 나를 배려하지 않습니다. 그런 의미에서 3인칭의 '그'에게 '나'는 사실상 존재하지 않는 것과 같습니다.

이런 1인칭과 3인칭 사이에서 '너'라고 부를 수 있는 2인칭이 생겨납니다.

2인칭 관계에서 '너'와 '나'는 비로소 서로의 존재 의미와 가치를 인정하고, 서로에게 응답하며 배려하는 관계가 되는 것입니다. 그러므로 2인칭은 '관계의 인칭'이자, 의미와 가치의 세계로 가는 '기적의 인칭'이 됩니다.

그리고 나는 너에게, 너는 나에게 서로 이름을 부를 수 있는 관계가 생겨납니다.

이 말은 2인칭의 대화 상대인 '나와 너', 곧 '우리'라고 부를 수 있는 의미와 가치가 생겨난다는 것을 뜻하기도 합니다. 2인칭의 관계에 있어서 우리는 우리가 있기 때문에 결국 내가 있는 것이 됩니다.

사막여우는 어린왕자에게,

'내가 있어 우리의 존재에 의미와 가치가 생기는 것이 아니고 우리가 있어 나의 존재에 의미와 가치가 생기는 것이다'라는 말을 하고 싶었던 겁니다.

결국, '나'는 너로 인해 '나'가 되고 '나'는 '너'라고 말할 수 있게 되면서 만남은 시작되는 것입니다.

서로에게 길들여 진다는 것은 서로에게 오직 한 사람이 되는 것입니다.

사막여우와 어린왕자는 서로가 서로에게 의미가 있는 행복한 2인칭의 관계가 되었습니다.

▲ 서로에게 길들여 진다는 것은 서로가 서로에게 오직 한 사람이 되는 것입니다.

02

너를 알고싶어

친구를 더 깊이 이해함으로써 친밀감을 높여 갑니다.

1. 소통의 중요성을 알게 됩니다.
2. 친밀감을 형성하고 화합할 수 있습니다.
3. 소통과 배려를 이해할 수 있습니다.
4. 소통을 잘 할 수 있는 방법을 알 수 있습니다.

참고문헌

정빙화(2016), 더불어 다문화환대를 지향하는 교회교육 연구, 장로회신학대학원 석사학위논문.

진실한 마음

사람을 사람답게 하는 것이 진실입니다. 진실한 마음처럼 다른 사람에게 신뢰를 주는 것은 없습니다.

우리는 진실한 사람을 좋아합니다. 진실이란 진리를 추구하는 마음이며, 참입니다. 인간을 인간답게 만드는 것입니다. 독일의 철학자 막스 뮐러는 "인간을 인간답게 만들고, 그가 살아가면서 해야 할 일을 할 수 있도록 만드는 자질은 수도 없이 많다. 그러나 가장 중요한 것은 단 하나다. 그것이 없으면 진정한 인간이 될 수 없다. 그것은 진실한 마음이다."라고 말했습니다.

영국의 시인 제프리 초서도 "진실은 인간이 지킬 수 있는 가장 고귀한 것이다."라고 말했습니다.

먼저 자신에게 진실해야 합니다.

가장 중요한 것은 자신에게 진실한 것입니다.

셰익스피어는 "무엇보다 자신에게 진실하라. 그러면 밤이 가면 낮이 오듯 다른 이들에게도 거짓으로 대하지 못할 것이다."라고 말했습니다. 자신에게 진실한 것은 누구나 가능한 일이지만 결코 쉬운 일이 아닙니다.

자신에게 진실하기 위해서는 잠시 상황을 벗어나기 위한 거짓의 유혹을 이기고, 그로 인한 고통을 감수해야 합니다. 거짓된 자아와 직면하는 고통을 감수해야 합니다. 자신의 잘못을 인정하고 고백하는 고통을 감수해야 합니다.

진실한 마음을 표현하세요.

자기표현은 대인관계에 있어서도 친밀감을 향한 첫걸음으로 친밀한 관계의 형성과 유지에 중요합니다. 인간관계에서 상대방을 잘 이해하고 수용하는 일도 중요하지만 자신의 마음상태를 상대방에게 잘 표현하여 알리는 일도 중요합니다. 상대방에게 전달하고자 하는 자신의 심리 상태나 의도를 명료하고 정확하게 전달하는 일은 효율적인 인간관계에 필수적인 요소입니다.

진실한 표현이 중요한 까닭은 사람들은 타인에게 정직하게 자기를 표현할 때 비교적 건강할 수 있습니다. 그리고 정신적인 병이나 육체적인 병은 개인이 자기 자신을 표현하지 않거나 자신의 중요한 면을 숨김으로써 일어나는 피로의 결과라고 합니다.

표현의 결여는 정신건강뿐만 아니라 사회생활에서 모략, 비방과 부적응 행동으로 나타나므로, 감정을 억압하기보다는 자기 의사를 당당하게 표출하는 것이 이롭습니다. 자기 표현을 하지 못하고 억압할 때 정신 건강은 물론 사회 생활에서 욕구불만, 갈등, 소외감, 반항, 고독감 등 여러 가지 부적응 현상이 나타납니다.

동물들의 자기 특성 발표회

숲 속 동물들이 학예회 준비를 위한 긴급회의를 열었습니다.

> **일시:** 2020. 00.00(토) 10시
> **장소:** 숲 속 마당 회의실
> **대상자(학급임원):** 황소, 강아지, 독수리, 고양이, 부엉이, 사슴, 원숭이, 호랑이, 코끼리
> **주제:** 9월에 개최될 학예발표 준비를 위한 회의

〈회의 시작〉

호랑이: 친구들! 다들 모였지? 안 온 친구?

강아지: 호랑아! 다 모였어. 무슨 회의를 할 건데?

독수리: 학예발표를 어떻게 폼 나게 할지 의논하기로 했어. 사회는 내가 보면 좋겠다.

황소: 각자 책임지고 완벽하게 해낼 수 있는 게 무엇인지를 의견을 내자.

고양이: 특별하지도 않고 너무 평범해서 참여하기 싫어, 환상적인 무대를 준비하자.

원숭이: 와 신나겠다. 이벤트로 준비하는 것은 내가 잘할 수 있어.

사슴: (속으로 생각한다). '독수리는 혼자 잘난 척하고, 고양이는 개인주의적이고, 원숭이는 차분하질 못하고, 이래가지고 회의가 되겠어?'

부엉이: 내가 곰곰이 생각해봤는데 이번 학예회는 우리를 위해 애쓰시는 선생님께 드리는 선물로 감사 편지를 드리던지, 부모님 모시고 발 씻겨드리는 이벤트를 하면 어떨까?

코끼리: 그거 좋은 생각이다. 부엉이는 참 똑똑하다.

호랑이: 친구들! 부엉이가 제안한 것 외에 다른 의견 있나?

사슴: (시큰둥한 표정으로 말한다). 없으면 둘 중 하나로 빨리 결정하자.

호랑이: 내 의견은 부모님께 보내는 감사편지로 했으면 하는 데, 황소, 강아지, 독수리, 고양이, 부엉이, 사슴, 원숭이, 코끼리 동의하지? 그럼 결정한다. 땅땅땅. 다음 주 회의에 각자 준비해 올 과제를 이야기하자.

부엉이: 난 학예회 전체 스케줄을 만들어 오겠어.

강아지: 난 많은 부모님과 친구들이 참여할 수 있도록 알아볼게.

황소: 학예회가 한치 오차 없이 진행될 수 있는 방법을 계획해 볼게.

독수리: 난 각자 담당할 분야를 정해 보겠어.

고양이: 무대를 환상적으로 만들어 부모님이 감동받을 수 있도록 계획해 볼게.

사슴: (여전히 못마땅한 표정으로 말한다). 잘 될까?

코끼리: 내가 할 일 있으면 말해줘.

부엉이: 다른 할 일은 더 없을까?

강아지: 더 많은 부모님과 친구들이 참여할 수 있도록 노력해야지.

황소: 학예회가 한치 오차 없이 진행될 수 있어야 할텐데 신경을 많이 써야겠어.

독수리: 그래 모두가 마음을 모아 잘 진행해 보자!

고양이: 그래!

사슴: (믿지 못하겠다는 표정으로). 잘 될까?

호랑이: 그럼 각자 준비를 잘해서 다음 주에 추가 회의를 한다. 이상 끝.

사슴: (급한 마음에 조급해진 목소리로). 자, 잠깐만! 그럼 난 뭘하지?

공감대화

주제	너를 알고 싶어

준비	친구 인터뷰하기, 필기도구, 관찰 단계는 조안에서 발표하고 반응 단계를 생략하고 이해 단계부터 칠판에 기록하여 진행한다.

친구 인터뷰하기

너의 이름은?
너의 생일은?
너의 고향은?
너의 별명은?
별명의 유래는?
별명의 뜻은?
별명과 관계있는 사람은?
너와 닮은 연예인은?
네가 잘하는 것은?
너의 매력 포인트는?
너의 성격은?
네가 인생에 가장 행복하다고 느꼈을 때는?
지금 네가 가장 하고 싶은 것은?
지금 네게 가장 필요한 것은?
네 주변에 칭찬해주고 싶은 사람은?
그 이유는?
너의 꿈은?
꿈을 이루고자 하는 목적은?
너의 보물 1호는?
네가 가장 사랑하는 사람은?
너의 이상형은?
너에게 기적이 일어난다면 어떤 기적이 일어나길 원하는가?
"나의 친구는 _____ 한 사람입니다."

관찰 – 사실확인

친구 인터뷰를 작성한다. 5명 정도씩 조를 나눠 조안에서 발표한다.

반응

이해

친구 인터뷰 발표를 통해 친구에 대해 새롭게 알게 된 것은 무엇인가요?
동일한 친구인데 더 깊이 알지 못한 이유는 무엇인가요?
이 활동이 우리에게 주는 교훈은 무엇인가요?

결심

이 활동을 통한 나의 결심은 무엇인가요?

창의대화

주제 친구를 더 깊이 이해할 수 있는 방법에는 무엇이 있을까?

준비 포스트잇, A4, 필기도구, 보드마카

생각 이끌기

(지난 시간 공감대화를 상기하고) 더 친한 친구가 되기 위한 방법에는 어떤 것들이 있을까요? 7~8개 정도 생각해 보고 A4에 적어보세요.

(진행자는 '잘못된 답은 없으며, 최선의 결과를 얻기 위해 모두의 지혜가 필요함'을 강조한다)

의견 모으기

A4 용지에 적은 의견들을 한 가지씩 포스트잇 1장에 정자로 크게 적어 제출하게 한다.

제출한 의견들을 칠판(벽, 전지 등)에 붙이며 함께 읽게 한다. 모호한 의견은 제출한 학생이 설명하게 한다.

의견 분류하기

제출된 의견을 학생들이 주제별로 분류하게 한다.(학생들이 의견을 내면 진행자는 의견에 따라 주제별로 의견들을 분류한다)

이름 짓기

분류된 의견들을 대표할 이름을 짓게 한다. 여러 이름들이 나오면 공감대화의 절차를 따라 가장 적합한 이름을 합의하여 정하도록 한다.

마무리

발표한 내용들을 함께 읽게 하고 친구들끼리 실천하도록 권한다.

이미지 바꾸기

주제 내가 알게 된 친구의 새로운 모습

새롭게 알게 된 친구에 대한 나의 이미지 바꾸기 활동지

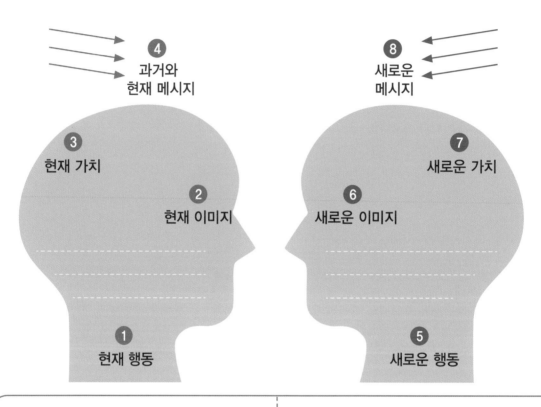

① 지금까지 알고 있는 친구 모습을 적어보세요.
(파트너를 한 명씩 정함)

② 지금의 친구 이미지를 표현해보세요.(감정 이모티콘이나 문장으로 표현)

③ 현재 친구 이미지를 형성하고 유지하게 하는 가치와 신념을 적어보세요.

④ 친구에 대한 이미지 형성에 영향을 끼친 과거의 경험과 메시지를 적어보세요.

⑤ 친구의 새로운 모습을 적어보세요.

⑥ 새롭게 알게 된 친구의 모습을 이미지로 그려보세요.(감정 이모티콘이나 문장으로 표현)

⑦ 친구의 새로운 이미지를 형성하고 유지하기 위한 가치와 신념을 적어보세요.

⑧ 친구와 좋은 관계를 유지하기 위한 새로운 메시지, 행동을 적어보세요.

발명왕 에디슨의 호기심

지금의 편리한 세상을 만드는 데에는 발명왕 에디슨의 공로를 빼놓을 수 없습니다.

에디슨이 놀라운 발명을 많이 했다는 것 때문에 어렸을 때부터 '똑똑한 모범생'으로 통했을 것 같은데, 사실 초등학교를 중퇴한 '문제아'였습니다. 어미닭 대신 달걀을 몇 시간이나 가슴에 품고 병아리가 부화되기를 기다리기도 하고, 불에 대한 호기심 때문에 아버지의 헛간에 불을 지르기도 했습니다. 말벌집을 건드려 보았다가 화가 난 벌에게 쏘이기도 했습니다.

또한 집근처의 제재소, 제분소, 조선소 등을 돌아다니면서 일하는 사람들에게 자꾸 질문하여 성가시게 굴었기 때문에 이웃 사람들은 엉뚱한 질문을 하고 다니는 에디슨을 볼 때마다 이렇게 수군거렸습니다.

"혹시 뇌에 병이 있는 게 아닐까?", "지능이 떨어지는 게 아닐까?"

수업 시간에는 당연한 사실에도 일일이 질문을 해서 선생님을 피곤하게 하고, 시험에서는 항상 꼴등이었습니다. 선생님들은 결국 장학관이 찾아왔을 때 에디슨을 가리키며 이렇게 말했습니다.

"저 아이는 머리가 너무 나빠 학교에서 가르칠 수가 없는 아이입니다."

결국 에디슨은 12살이라는 어린 나이에 학교를 그만두었습니다. 그러나 집에서도 에디슨의 호기심은 멈출 줄 몰랐습니다. 사람도 틀림없이 하늘을 날 수 있을 거라는 생각을 해서 공기보다 가벼운 기체를 이웃인 마이클에게 주입하여 하늘을 날라고 하였습니다. 물론 마이클은 뱃속이 부글거려 죽겠다고 소리를 쳤습니다.

에디슨은 소리를 녹음하고 재생하는 축음기를 만들었고, 현대 전화의 기본 원리가 되는 탄소 송화기와 전구를 만들었으며, 영화를 볼 수 있게 해주는 영사기와 축전지 등 수 많은 것들을 발명했습니다.

결국 에디슨의 엉뚱한 호기심은 세상의 많은 것을 편리하게 바꾸는 힘이 되었습니다.

에디슨이 발명한 키네마스코프 ▶

03 친구끼리 소통하기

친구와 다름을 인정하고 소통하는 방법을 배웁니다.

1. 다름이 틀린 것이 아님을 알게 됩니다.
2. 친구를 이해할 수 있게 됩니다.
3. 소통을 잘 할 수 있는 방법을 찾을 수 있습니다.
4. 다른 사람의 의견을 포용하고 받아들일 수 있습니다.

참고문헌

박은하(2017), 초등학생의 의사소통 역량함양을 위한 백워드 설계 기반교육과정 재구성 및 적용. 건국대학교 박사학위논문.

친구끼리 소통

의사소통능력이 뭐지요?

의사소통능력이란 의사소통의 수단으로 사람들 간에 지식, 정보, 의견, 감정, 태도 등을 주고받는 능력과 그 의미를 공유하는 능력을 포괄하는 언어, 문자, 이모티콘, SNS 등의 행위 전체를 가능하게 하는 능력입니다.

의사소통은 사회적 존재로서의 인간이 관계 맺기를 통해 공동체적인 삶을 살아가는 데 있어 핵심적인 수단이며, 필수적인 능력입니다. 그러므로 모든 나라가 소통능력 향상에 심혈을 기울이고 있습니다.

세계 모든 나라들은 자기 나라의 미래를 위해 교육에 많은 투자를 하고 있습니다.

대부분의 선진국들은 소통능력을 개인과 국가의 핵심역량으로 정해 교육하고 있습니다. 뉴질랜드는 '언어와 상징, 텍스트의 활용', 영국은 '의사소통', 캐나다는 '의사소통 관련 역량', 호주는 '조직 안에서 타인과 함께 일할 수 있는 능력', 독일은 '사회적 역량', 핀란드는 '복합 문해력'을 집중 교육합니다.

이 모든 교육 내용이 의사소통 능력에 대한 것입니다.

의사소통의 목적은 무엇일까요?

의사소통은 의사를 전달하고 전달받는 상황에서 적극적으로 자신을 드러내고 더 나아가 인간관계를 긍정적인 방향으로 이끌어가는 역할도 함께 하고 있습니다. 의사소통을 통해 자신이 가진 편견과 고정관념을 극복하고 사고와 행동의 변화를 가져올 수 있습니다.

의사소통 형식을 알아볼까요?

의사소통은 종류에 따라 언어, 문서, SNS, 이모티콘 등이 있고 형식에 따라 언어적 소통과 비언어적 의사소통이 있습니다. 언어적 의사소통은 음성 언어나 문자언어가 해당되고 비언어적 의사소통은 목소리 톤, 한숨, 고함, 제스처, 움직임, 얼굴표정, 신체 접촉 등이 해당됩니다.

언어를 사용하여 일반적인 의사소통이 가능하나 효과적인 의사소통을 위해서는 비언어적 의사소통을 활용하여 자신이 전하고자 하는 의사를 드러내서 언어적 의사소통의 메시지를 보완해야 합니다.

일반적으로 여성이 남성보다 비언어적 표현을 더 많이 사용하고 다른 사람의 비언어적 행동을 빨리 인지하는 것으로 알려져 있습니다.

나 전달법(I-Message)에 대하여

대인관계와 소통에서 나 전달법(I-message) 또는 나 진술(I statement)은 말하는 사람의 감정, 신념, 가치 등에 대한 주장이며, 일반적으로 '나(I)'로 시작하는 주어 문장으로 표현된다. 반대로 '너 전달법' (You-message) 또는 '너 진술' (you-statement)은 '너'라는 단어로 시작하여 듣는 사람에게 중점을 두게 된다. 심리학자 토머스 고든이 1960년대에 어린 이들과 토머스 기차놀이 치료를 하면서 이 용어를 만들었다.(위키백과)

1) 나 전달법이란?

상대방이 나를 명확하게 이해할 수 있게 해 주는 방법이다. 나-전달법은 부정적인 감정 표현뿐만이 아니라 긍정적인 감정을 전달하는 데에도 효과적이다. 상대방을 비난하지 않고 문제가 되는 상대방의 행동과 그 행동의 결과를 구체적으로 전달해서 그 행동이 나에게 미친 영향을 상대방에게 표현하는 방법이다.

2) 나 전달법의 구성요소

나-전달법=행동+영향+감정

첫째, 수용할 수 없는 상대방의 행동과 상황에 대해 비판이나 비난 없이 객관적으로 말한다.
  (문제를 발생하는 부모의 행동은 무엇인가?)
둘째, 상대방의 행동이 자신에게 미친 영향을 객관적으로 말한다.
  (그 행동이 자신에게 어떤 영향을 끼치고 있는가?)
셋째, 상대방이 자신에게 미친 영향 때문에 생긴 자신의 감정을 솔직하게 말한다.
  (그 결과에 대핸 자신의 어떤 느낌을 가지고 있는가?)

"너는 공부는 안하고 매일 핸드폰만 보니? 지금 당장 들어가서 공부해."라고 엄마는 수혁이에게 소리를 지른다.
"엄마는 맨날 잔소리만 해 지겨워 죽겠어, 공부는 내가 알아서 할거니까 신경쓰지 마세요."라고 수혁이도 소리를 지르며 자기 방으로 들어간다.
'너는~' 이라고 말하며 상대방을 비난이나 공격하는 말 대신, '나'의 감정을 이야기하며 대화하는 것이 '나 전달법'이다.

"엄마는 수혁이가 핸드폰을 자주 보는게 걱정이 돼, 적당히 보다가 시험 준비도 하면 좋겠어."
'나 전달법'을 활용한 엄마의 말이다.

"엄마가 저 잘되라고 혼내는 것을 알아요. 그런데 엄마가 소리를 지르며 말하면 제 마음이 속상하고, 공부하고 싶은 마음이 생기지 않아요. 조용히 말해주면 더 좋겠어요." 라고 수혁이는 '나 전달법'을 활용하여 엄마에게 말한다.

3) 나 전달법과 너 전달법의 차이

'너 전달법'은 판단이나 비난하는 언어로 강제적이고 권위적인 요소를 포함하는 의사전달 방법으로써, 듣는 사람에게 자신이 의도한 행동과 상관없이 존중받지 못하고 비난받는다는 마음이 들게 한다.

'나 전달법'은, 상대방의 언행이 나에게 어떤 영향을 주었고, 내가 어떻게 느끼고 있는지를 솔직하게 표현하는 것이다.

'나 전달법'을 통해 듣는 사람은 자신의 행동 때문에 상대가 어떤 영향 받는지를 알게 되고, 말하는 사람은 자신의 느낌을 차분하게 전달함으로써 듣는 사람과 말하는 사람이 서로를 공감할 수 있다.

▲ 나 전달법은 내가 어떻게 느끼고 있는지를
솔직하게 표현하는 것입니다.

공감대화

주제 너와 나는 다르구나!

준비 피카소의 '게르니카' 그림 (작품 자체에 대한 이해가 아니라 작품을 감상하는 태도에 대한 공감대화이다. 이해 단계의 여러 질문은 흐름에 따라 선택해서 사용한다.)

〈게르니카〉(Guernica)

스페인 게르니카 지역 일대에 일어난 사건을 모티브로 파블로 피카소가 그린 그림이다.

크기는 349.3x776.6cm이고 현재 스페인 마드리드의 레이나 소피아 국립 미술관에 소장되어 있다.

관찰 – 사실확인

그림에 무엇이 보이는가요?

반응

그림을 볼 때 어떤 기분이 드는가요?

그림을 볼 때 연상 되는 경험이나 사건은 어떤 것이 있나요?

그림을 볼 때 떠오르는 이미지는 무엇인가요?

이해

그림이 주는 메시지는 무엇인가요?

그림에 대한 다양한 해석이 있는데 그 이유는 무엇인가요?

다양한 해석의 결과는 어떻게 나타나는가요?

최근에 하나의 사건(일)에 대해 다양한 평가가 있는 뉴스는 어떤 것이 있는가요?

다양한 해석이 주는 의미는 무엇인가요?

다름과 틀림의 차이는 무엇인가요?

결심

이 대화의 과정을 통한 나의 결심은 무엇인가요?

창의대화

주제 생각이 다른 친구들끼리 소통을 잘하는 방법에는 어떤 것들이 있을까요?

준비 포스트잇, A4, 필기도구, 보드마카

생각 이끌기

소통을 잘하기 위해서는 어떤 방법들이 있을까요? 7~8개 정도 생각해보고 A4에 적어 보세요. (진행자는 '잘못된 답은 없으며, 최선의 결과를 얻기 위해 모두의 지혜가 필요함'을 강조한다)

의견 모으기

A4 용지에 적은 의견들을 한 가지씩 포스트잇 1장에 정자로 크게 적어 제출하게 한다.
제출한 의견들을 칠판(벽, 전지 등)에 붙이며 함께 읽게 한다. 모호한 의견은 제출한 학생이 설명하게 한다.

의견 분류하기

제출된 의견을 학생들이 주제별로 분류하게 한다.(학생들이 의견을 내면 진행자는 의견에 따라 주제별로 의견들을 분류한다)

이름 짓기

분류된 의견들을 대표할 이름을 짓게 한다. 여러 이름들이 나오면 공감대화의 절차를 따라 가장 적합한 이름을 합의하여 정하도록 한다.

마무리

발표한 내용들을 함께 읽게 한다.
시간적 여유가 있으면 소통의 우선순위를 정해 학급 규칙으로 만든다.

이미지 바꾸기

주제 소통이 잘 되는 우리 반

소통이 잘 되는 우리 반 이미지 바꾸기 활동지(조별 활동으로 한다)

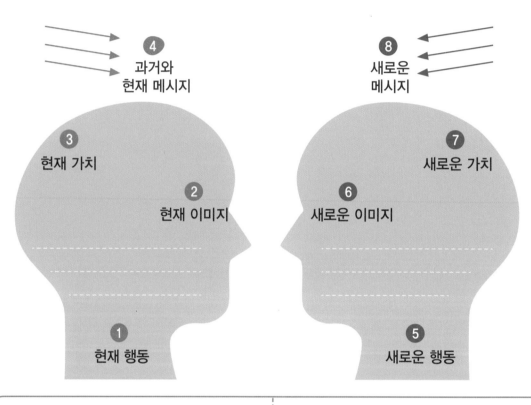

❶ 현재 우리 반의 모습을 적어보세요.	❺ 변화되길 원하는 우리 반의 모습을 적어보세요.
❷ 우리 반 이미지를 표현해보세요.(감정 이모티콘이나 문장으로 표현)	❻ 우리 반의 새로운 이미지를 표현해보세요.(감정 이모티콘이나 문장으로 표현)
❸ 현재 우리 반 이미지를 형성하고 유지하게 하는 가치와 신념을 적어보세요.	❼ 우리 반의 새로운 이미지를 형성하고 유지하기 위한 가치와 신념을 적어보세요.
❹ 현재 우리 반 이미지를 만든 일들과 이야기는 무엇인가요?	❽ 새로운 이미지 변화에 필요한 메세지, 행동(계획)을 적어보세요.

생각을 곱씹어 보는 태도

어느 날 유명한 젊은 물리학자가 기자에게 이렇게 말합니다.

"나는 이제 남은 여생 동안 빛이 무엇인지 연구하며 살 것입니다."

그리고 50여 년이 지나고 난 후에 이 물리학자는 기자들에 이렇게 말합니다.

"빛이란 무엇인가에 대한 답에 더 가까이 다가가지 못했습니다. 물론 어리석은 사람들은 자신이 답을 안다고 생각하겠지만 그들은 자신을 속이고 있는 것입니다."

이 말을 한 물리학자는 누구나 다 알고 있는 천재 물리학자 앨버트 아인쉬타인입니다.

그런 천재도 평생동안 곱씹었어도 이해할 수 없었을 만큼 빛이란 무엇인가를 완전히 알기는 어렵습니다.

빛은 생명의 근본적인 에너지 공급원으로서 생명체에게 반드시 필요한 요소이며 종교, 창조 이야기, 시, 문학, 언어, 그리고 문화의 중심이 됩니다. 빛은 대기권에 발견되는 일출, 일몰, 무지개, 북극광의 아름다움입니다. 빛은 우리들 시각의 핵심입니다. 빛과 시각은 고대 그리스와 아라비아 시대의 철학자들로부터 시작되는 여러 가지의 역사를 가지고 있습니다.

빛은 우주의 창조, 별들 안에서의 물리적 과정들, 그리고 우주에 걸쳐 존재하는 물리적 법칙들의 보편적 특성에 대한 정보의 근원입니다. 인류의 빛에 대한 연구는 정말 오래 전부터 있어 왔습니다. 그러나 아인쉬타인의 빛에 대한 연구는 남달랐습니다. 평생동안 빛에 대해서 곱씹어 생각했다고 합니다. 그리고 그의 생각하는 습관은 인류에게 빛에 대한 새로운 지식과 학문의 세계를 열어 주었습니다.

아인쉬타인의 빛과 물질과의 상호작용에 관한 곱씹어보기는 상대성 이론의 확립 뿐만 아니라 양자역학의 발명과 발전도 가져다 주었습니다.

아직까지 많은 후배 과학자들이 그의 생각을 이어서 곱씹어 보고 있습니다. 곱씹어 생각한다는 것은 학문을 대하는 아주 좋은 태도입니다.

여러분들도 궁금했던 것들이 있다면 포기하지 않고 곱씹어 생각을 해보는 태도로 생활한다면 한국의 아인쉬타인으로 훌륭한 과학자가 될 수도 있습니다.

내가 빛보다 상대적으로 빨리 달리면 어쩌구... 저쩌구...

▶ 아인쉬타인은 일반 상대성 이론과 특수 상대성 이론을 발표했다.

04 꿈꾸는 학교

친구들과 친밀한 소통으로 꿈꾸는 학교를 만들어 가는 방법을 찾습니다.

1. 학교에 대해 깊이 알게 됩니다.
2. 가고 싶은 학교를 꿈 꿉니다.
3. 즐거운 학교 생활의 방법을 찾습니다.

꿈꾸는 학교

우리가 꾸는 꿈이 우리 미래를 만들어갑니다.

조상들은 물고기를 보면서 바다를 다니는 물체를 꿈꾸었습니다. 배와 잠수함이 탄생했습니다. 라이트 형제는 새처럼 하늘을 나는 물체를 꿈꾸었습니다. 비행기의 탄생입니다. 아브라함 링컨, 스토우 부인, 마르틴 루터 킹은 흑인과 백인들이, 주인과 노예가 더불어 평등하게 사는 세상을 꿈꾸었습니다. 그 이후 오바마 대통령이 탄생했습니다.

우리는 남한과 북한이 하나가 되어, 부산에서 기차타고 평양, 베이징, 모스크바, 파리를 거쳐 런던까지 여행하는 평화로운 공동체, 한국, 아시아, 세계가 더불어 평화롭게 사는 꿈을 꿉니다. 그 날이 곧 올 것입니다. 세상은 꿈꾸는 사람들의 꿈이 만들어낸 산물입니다.

미래는 꿈꾸는 사람들의 것입니다.

우리가 꿈꾸고 소원하는 학교는 학생들과 선생님들의 삶의 터전입니다. 학생들과 선생님들은 학교에서 가장 많은 시간을 보냅니다. 학생들은 12년에서 16년을, 선생님들은 반평생을 학교에서 보냅니다.

학교가 행복했으면 좋겠습니다.

선생님과 학생들이 부모와 자녀같아서, 선생님은 부모처럼 학생들을 돌보고, 학생들은 선생님을 부모님처럼 따르는 학교가 되었으면 좋겠습니다. 선배들은 형 같고, 누나 같고, 후배들은 동생 같았으면 좋겠습니다. 왕따와 폭력이 없고, 친구들과 친하게 지내고 싶습니다. 제발 공부벌레에서 벗어나, 여러 가지 학문과 기술을 고루 배우면서, 각자가 좋아하는 공부와 취미에 집중하면 좋겠습니다.

내가 꿈꾸는 학교는(○○시 ○○중학교)

우리가 바라는 학교는 방학이 길고, 급식이 좋고, 차별이 없고, 폭력이 없고, 정당하고, 학생들을 믿어주고, 선생님들의 편견이 없고, 에어컨, 난방 시설이 좋고, 여름에 체육을 하고나서 씻을 수 있는 샤워장, 1인 1컴퓨터, 그림같은 학교에 오솔길 따라 양쪽으로 길게 늘어선 가로수를 지나 학교에 통학하는 것, 학생회의의 자율화와 남녀공학, 학생들이 바라는 선생님은 매를 들지 않고 편견과 선입견이 없고, 편안하고 자신의 과목은 완벽하게 학생들을 이해시켜주는 선생님, 학생과 눈높이를 맞추고, 학생의 이야기를 들을 줄 아는 선생님, 자기의 실수를 인정할 줄 아는 선생님, 공정한 선생님, 이 중 몇 가지 만이라도 지켜주시는 선생님이 계시다면 정말로 좋겠습니다.

우리가 선생님들이 바라는 학생이 된다면 선생님들도 우리가 바라는 선생님이 되어 주시지 않을까요? 선생님들이 바라는 학생은 의리를 지키고, 어려울 때 같이 있어 주고, 뒤에서 욕 안하고, 성격은 원만하고 성실하고, 소외된 친구를 돌보고, 명랑, 활발, 리더십이 있으면 더 좋고, 자신의 소질을 개발하는 학생이면 좋겠습니다.

아들의 반장 선거

아들 학교에서는 4학년부터 반장 선거를 합니다.

지난 1학기 때 아들에게 "반장을 하고 싶니?"라고 물어보았습니다.
"반장이 어떤 역할을 하는지 지켜보고, 2학기 때나 생각해보겠어요"라고 아들이 대답합니다.

2학기 반장 선거를 할 시기가 되었습니다.

아들에게 다시 물어보았습니다.
"이번 학기에는 해볼 생각이 있니?"
자기 보다는 다른 친구가 반장이 되었으면 한다는 아들의 대답을 듣고 나는 좋은 생각이라고 말해 주었습니다.
아들이 다른 사람을 돌보는 능력이 부족하다고 생각했기 때문입니다.

그런데, 오늘 학교에서 돌아온 아들이 자기가 부반장을 하게 됐다고 합니다. 부반장 나온 친구들 중 책임감 강한 친구가 없어서 자기가 나갔다고 합니다.

"그럼, 차라리 반장을 나가지 그랬니?"라고 물어봤습니다. 그러자 아이는 "반장은 꼭 되어야 할 아이가 따로 있었어요."라고 대답하는 겁니다. 아들의 양보하는 마음도 아주 좋은 생각이라고 말해 주었습니다. 그런데 아들은 반장이 되었으면 좋겠다고 생각했던 친구에게 표를 주지 않았다고 말합니다. 의아해서 그 이유를 물으니 반장이 될 친구는 자기 표가 아니어도 반드시 될 친구라, 차라리 한 표도 못 받을 것 같은 아이에게 위안이 되라고 자기 표를 주었다고 합니다.

그리고 자기가 예상한 대로, 그 아이는 아들이 준 표 하나만 받게 되었다고 합니다. 이런 얘기를 주고 받다보니 문득, 제가 아이를 너무 야박하게 평가했던 것은 아닐까 하는 생각이 들었습니다.

학기 초에 제출하는 부모 의견란에 우리 아이가 자기만의 세계에 빠져, 다른 사람에게 관심이 적고 배려가 부족한 것 같다고 적었는데, 학기 말에 담임선생님께서 전화를 하셔서 하시는 말씀이,

"어머니께서 그런 말을 적어놔서 관심 대상자로 쭉 지켜봤는데, 잘못 적으신 것이 아닐까 하고 생각하게 되었습니다."라고 하시는 겁니다. 집에서 아이를 지켜본 제 눈에는 정말 다른 사람에게 관심이 없어 보였습니다. 아이에 대한 제 평가의 잣대가 너무 엄격했던 걸까요?

오늘 반장 선거를 계기로 아이의 생각이 자기뿐 아니라, 다른 사람에게도 미치고 있음에 얼마나 기쁜지 모르겠습니다. 우리 아이가 부쩍부쩍 성장하고 있는 것을 알게 되어서 기쁩니다.

행복한 교실의 첫번 째 조건

학교폭력이 해를 거듭할수록 증가하고 있습니다.

2020년에 발간한 경찰백서에 따르면 학교폭력 신고로 입건된 수는 약 1만 3,600명으로, 전년보다 약 230명 더 늘었고, 2015년과 비교하면 약 1,100명이 증가한 것입니다. 매년 200여 건의 폭력이 증가한 셈입니다. 학교폭력이 생길 때마다 사회적으로 여러 가지 관심과 대책들이 만들어지는데도 불구하고 학교폭력이 사라지기는 커녕 더욱 증가하고 있는 것은 왜일까요?

그 이유 중의 하나로 괴롭힘을 보고도 일부러 묵인하는 친구들과 알면서도 소극적으로 대응하는 교사가 만드는 교실 속의 방관 때문이라는 지적이 있습니다. 괜히 참견했다가 자신도 피해자가 되거나 귀찮아질 수 있다고 생각해서 폭력 피해를 알면서도 모른 척 하는 경우가 많은 것으로 알려졌습니다.

2020년 1월 교육부가 공개한 학교폭력 관련 실태조사 보고서에서도 학교 폭력을 목격한 학생 중 29.5%는 방관한 것으로 나타났습니다. 주변에 알리거나 신고했다는 비중은 14.2%에 그쳤습니다.

교사들의 학교폭력 방관도 있다고 합니다. 자신이 담당하는 학급에서 학교폭력이 신고되면 업무평가에 부정적이라고 생각하고 가해 학생이 징계를 받기까지 소요되는 학교폭력대책자치위원회 업무 부담이 크기 때문에 일부러 모른 척 묵인하는 교사들도 적지 않다는 것입니다. 학생 및 학부모 면담과 학부모들의 반발 등 신경을 쓸 일이 많아지고 만약 학폭위 징계 처분에 불복해 교육청에 재심을 요구하거나 소송까지 갈 때 업무가 힘들어진다고 생각해서 교사는 모른 척하고, 친구들은 자신이 당할지도 모르는 피해에 대한 두려움 때문에 방관한다는 것입니다.

'우리들의 일그러진 영웅'이란 영화를 보면 교사가 학교폭력을 묵인하는 장면이 있는데 이건 방조입니다.

폭력의 가해자들에게 면죄부를 주고 피해자를 고립시키는 때도 있다면 그건 잘못입니다. 폭력만큼이나 폭력에 대한 방관도 잘못입니다. 교실 내 방관의 담합이 조성될 수밖에 없는 교실의 문화가 조성돼 있다면 제삼자의 적극적인 개입은 어렵습니다. 그런 문화가 폭력을 조장할 수도 있습니다.

학교폭력 근절을 위해서는 잘못된 방관의 문화를 제거하고, 나아가 가해자의 진정한 사과와 피해자의 용서를 끌어낼 수 있는 회복적 교육이 교실에서 먼저 이루어져야 합니다. 그것을 가능하게 하는 것은 학생과 학생, 학생과 교사 간의 신뢰와 사랑과 배려의 마음 자세입니다.

행복한 교실은 교실의 주인공들이 함께 노력하며 만들어야 합니다. 학교폭력이 없는 교실이 행복한 교실의 첫 번째 조건입니다.

공감대화

주제   우리 학교는 ○○○이다!

- -

준비   학교에 관한 자료(역사)

우리 학교 설립년도 :

우리 학교 비전 :

우리 학교 교가 :

우리 학교 상징 :

우리 학교 명물 :

우리 학교 자랑 :

관찰 – 사실확인

우리 학교에 대해 알고 있는 것을 말해봅시다.

최근 학교에서 일어난 일들은 무엇입니까?

학교 밖에서 우리 학교에 대한 평가는 어떠한가요?

반응

우리 학교를 생각할 때 어떤 기분이 드는가요?

우리 학교에 다니면서 가장 기뻤을 때는 언제였나요?

우리 학교가 자랑스러울 때는 언제였는가요?

우리 학교에 대한 이미지는 무엇인가요?

이해

우리 학교는 나에게 어떤 의미인가요?

학교와 학생은 어떤 관계인가요?

학교가 우리 인생에 미치는 영향은 무엇인가요?

학교에서 중요한 것은 무엇인가요?

우리 학교에서 가장 필요한 것은 무엇인가요?

결심

학교에 대한 나의 결심은 무엇인가요?

창의대화

주제 우리 학교를 좋은 학교(명문)로 만들려면 어떻게 해야 할까요?

준비 포스트잇, A4, 필기도구, 보드마카

생각 이끌기

가고 싶고, 자랑하고 싶은 우리 학교가 되기 위해 우리가 할 수 있는 것은 무엇이 있을까요? 7~8개 정도 생각해보고 A4 용지에 적어보세요.

(진행자는 '잘못된 답은 없으며, 최선의 결과를 얻기 위해 모두의 지혜가 필요함'을 강조한다)

의견 모으기

A4 용지에 적은 의견들을 한 가지씩 포스트잇 1장에 정자로 크게 적어 제출하게 한다.

제출한 의견들을 칠판(벽, 전지 등)에 붙이며 함께 읽게 한다. 모호한 의견은 제출한 학생이 설명하게 한다.

의견 분류하기

제출된 의견을 학생들이 주제별로 분류하게 한다.(학생들이 의견을 내면 진행자는 의견에 따라 주제별로 의견들을 분류한다)

이름 짓기

분류된 의견들을 대표할 이름을 짓게 한다. 여러 이름들이 나오면 공감대화의 절차를 따라 가장 적합한 이름을 합의하여 정하도록 한다.

마무리

발표한 내용들을 함께 읽게 하고 우선순위를 정한다. 또한 이름 짓기에서 정한 이름을 사용하여 학교 비전선언문을 만든다.

이미지 바꾸기

주제 우리 학교 이미지 바꾸기

꿈꾸는 학교를 만들기 위한 이미지 바꾸기 활동지

(조별 활동, 전지 두 장에 아래 그림을 활용해서 1,3,4,5단계는 글로 적고
2,6 단계는 그림으로 표현한다. 활동이 끝나면 조별 발표한다.)

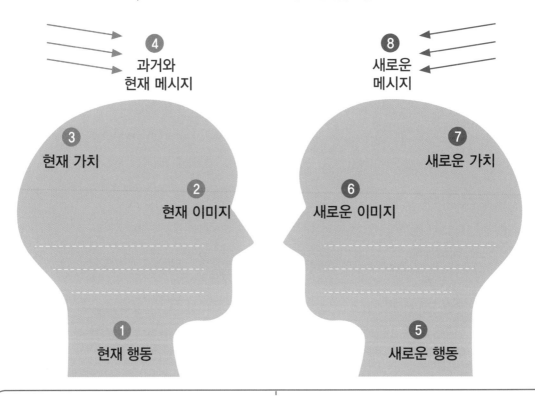

4 과거와 현재 메시지

8 새로운 메시지

3 현재 가치

7 새로운 가치

2 현재 이미지

6 새로운 이미지

1 현재 행동

5 새로운 행동

① 현재 우리 학교를 모습을 적어보세요.

② 현재 우리 학교의 이미지를 표현해 보세요.
(감정 이모티콘이나 문장으로 표현)

③ 현재 우리 학교의 이미지를 형성하고 유지하게
하는 가치와 신념을 적어보세요.

④ 우리 학교의 이미지 형성에 영향을 준 일, 이야
기는 무엇인가요?

⑤ 꿈꾸는 우리 학교의 모습을 적어보세요.(여러
의견들이 나오면 창의대화 이름 짓기 방법으로
하나의 문장이나 구호로 만든다)

⑥ 우리 학교의 새로운 이미지를 표현해보세요.(감정
이모티콘이나 문장으로 표현)

⑦ 우리 학교의 새로운 이미지를 형성하고 유지하기
위한 가치와 신념을 적어보세요.

⑧ 우리 학교의 새로운 이미지 변화에 필요한 메시
지와 활동을 적어보세요.

헬렌켈러와 설리반 선생의 우정

헬렌켈러의 스승인 앤 설리반은 어려서부터 고아가 되어서 심한 좌절감과 우울증으로 힘든 시간을 보냈습니다. 엎친 데 덮친 격으로 결막염으로 인한 시력 손상으로 여러 번의 대수술을 받았지만, 사물이 두 개로 겹쳐 보이는 현상에 시달려야 했습니다. 그러나 이에 굴하지 않고 퍼킨스 맹아학교에 입학하여 점자와 수화를 익히면서 공부를 했습니다. 수석으로 졸업한 그녀는 20세 때 가정교사로 가게 되었는데 그때 처음으로 헬렌켈러를 만나게 됩니다.

6세의 헬렌켈러는 듣지도 보지도 말하지도 못하며 매일 고함을 지르며 나뒹구는 모습이 짐승과 같았습니다. 주위 사람들의 불편함이란 이루 말할 수가 없었지요. 그런 헬렌은 수없이 스승 설리반의 마음을 창처럼 찔렀고 비수와 같이 찢었습니다. 설리반은 헬렌의 모든 아픔을 마음으로 품으며 다가갔습니다. 설리반은 수 없는 실패를 하였지만, 헬렌에게 가르쳐 주고 싶은 것이 있었습니다.

그것은 세상에 존재하는 모든 사물에는 이름이 있다는 것이었습니다.

수 없이 다가가기에 도전한 설리반의 진심이 통했던 걸까요? 헬렌에게서 이상한 것을 느끼기 시작했습니다. 헬렌이 누군가가 자기 옆에 있는 사람이 자기에게 무엇인가를 가르쳐 주기를 원한다는 것을 느낀 듯한 행동들을 하기 시작했습니다.

어느 날 설리반은 펌프질을 하고 있었고 헬렌은 옷이 다 젖은 채 흐르는 물을 만지고 있었습니다. 그때 설리반이 헬렌의 손바닥에 W. A .T. E .R 라고 썼습니다. 헬렌은 흐르는 물을 맞으면서 설리반이 써준 그 단어가 지금 헬렌의 자신의 손바닥에 흐르고 있는 것이 이름이라는 것을 처음 깨닫게 됩니다.

이 사건을 계기로 헬렌은 설리반을 신뢰하게 되었고, 이때부터 헬렌에게는 엄청난 변화들이 일어나게 됩니다. 말을 하게 되었습니다. 헬렌은 빠른 속도로 성장했고 설리반은 수업 시간에도 옆에 앉아서 헬렌의 손바닥에 글씨를 적어 주면서 도와주었습니다. 헬렌은 라틴어, 불어, 독일어, 그리스어, 영어 등 5개 국어를 하게 되었고, 마침내 하버드 대학을 우수한 성적으로 졸업을 하게 됩니다.

그 후 헬렌은 장애인들의 복지와 처우개선을 위해서 활동했고 여성들의 참정권을 끌어내면서 지금의 세계 여성의 날이 생기는 것에 공헌하게 됩니다.

▲ 세계 여성을 위해 일한 헬렌 킬러

◉ 학교에서의 나에 대해 생각해 봅니다.

3. 건강한 자아

학습 목표
1. 자신이 소중하고 특별한 존재임을 알 수 있습니다.
2. 자신이 하는 일에 대한 우선순위를 결정할 수 있습니다.
3. 명확한 자기주장을 할 수 있습니다.
4. 책임 있는 행동을 할 수 있습니다.

01 긍정적인 자아 개념

자신을 긍정적으로 여기는 능력을 기릅니다.

1. 자아 개념을 이해할 수 있습니다.
2. 긍정적 자아의 중요성을 이해할 수 있습니다.
3. 긍정적 자아의 발달 방법을 배울 수 있습니다.

참고문헌

박영규(2005), 긍정적 자아개념 긍정적 자아개념 형성을 위한 대안학교교육과정 개발 교육과정 개발, 단국대학교 박사학위논문.

긍정적 자아 개념

자아 개념이란 무엇일까요?

자아 개념은 자기가 누구인지, 자기 자신을 다른 사람들과 구별시켜 주는 것이 무엇인지 하는 것을 느끼게 하는 것으로 이는 영아기부터 형성되어 청년기까지 발달됩니다.

자아 개념은 개인이 자신에 대해서 가지는 지각, 관념 및 태도의 독특한 체계입니다. 자아 개념은 자아, 자신, 자아 지식, 자아정체, 자기이해, 자아상, 자아 존중감, 현상적 자아 등의 언어로도 사용됩니다.

자아 개념은 인간생활에서 역동적·순환적 힘을 가집니다. 모든 인간의 자아는 그의 주변 사람들로부터 많은 영향을 받습니다. 그에게 중요한 타인은 그의 자아관에 상당한 영향을 미칩니다.

긍정적 자아 개념이란 자신의 가치, 존엄성에 대한 인식입니다. 자기를 존경할 줄 아는 능력, 건전한 자기 사랑의 능력이며, 자신에 대한 확고한 믿음이라고 할 수 있습니다.

자아 개념은 자신의 역할, 성격 특성, 신체적 특성, 기술 및 능력에 대해서 어떻게 생각하느냐에 따라 형성됩니다. 자아 개념의 특성과 형성에 대하여 이해함으로써 긍정적 자아 개념을 형성하여 좋은 인간관계를 발달시키고 유지하는 데 매우 중요한 의미를 지니고 있습니다.

자아 개념은 연령에 따라 발달합니다.

청소년기인 12-20세 까지의 나이는 자아 개념의 발달과 통합에 있어 매우 결정적인 시기입니다. 청소년기에 독립과 성취의 이상 추구, 신체적 변화, 친구들과의 교우관계, 정체감의 생성 및 혼돈, 아동기의 상실, 성인으로서의 책임 부과 등을 경험합니다.

긍정적 자아 개념의 특성

- 미래지향적이며, 과거의 실패나 실수에 집착하지 않는다.
- 자신의 최선의 판단에 의해서 행동한다.
- 행해진 일들이 받아들여지지 않아도 화내거나 후회하지 않는다.
- 반대나 실패의 가능성에 관계없이 문제를 다룰 수 있다.
- 자신의 감정을 조절한다.
- 다른 사람을 도와줄 수 있고, 또 도움을 받을 수 있다.
- 다른 사람을 능력 있고 독특한 개성을 가진 사람으로 수용한다.

긍정적 자존감의 화신, 닉 부이치치

닉 부이치치는 태어날 때 유전질환인 해표지증으로 짧은 왼쪽발을 제외하고는 팔과 다리가 없이 태어났습니다. 성장을 하면서 장애로 인해 할 수 있는 것들이 거의 없었으며, 또래 친구들과의 차이점을 느끼면서 8살에 우울증을 겪게 되고 자살 시도까지 하게 됩니다.

그런 모습을 본 닉의 아버지와 어머니는 닉에게 이렇게 말했습니다.

"닉, 너는 신체의 일부가 없을 뿐이지 너는 정상이다."
"닉, 네가 지금은 불행하다고 생각하겠지만 너는 앞으로 상상 이상의 행복 속에서 살아가게 될 것이다."
닉의 부모님은 닉이 남들과 다를 바 없는 평범한 아이이고, 다른 아이들과 마찬가지로 무엇이든 혼자 할 수 있다는 것을 가르쳤습니다. 이런 부모님의 가르침으로 그는 그 이후로 '삶의 목표'를 찾았습니다.

그의 인생은 그때부터 다시 시작되었습니다.

행복(Happy)

그는 행복에 대해 이렇게 말합니다. "행복은 긍정의 힘입니다."

가장 먼저 그는 자신의 가치를 깨달았습니다. 자기 자신이 얼마나 소중하고 귀한 존재인지 부모님을 통해 배웠고, 그 배움을 통해 자기 자신을 알게 되었습니다.

도전(Challenge)

그는 팔과 다리가 없음에도 수많은 도전을 통해 장애의 편견을 깼습니다. 골프는 물론이고, 서핑, 수영까지도 그에게는 하나의 일반적인 도전이었습니다. 단지, 팔 다리가 없을 뿐 그가 하지 못하는 것은 없었습니다. 그 이유는 어느 누구보다 자기 자신을 더 잘 알고, 잘 할 수 있다고 믿었기 때문입니다.

실패(failure)

힘들다고 포기하지 말고 실패하여도 계속 도전하라고 그는 말합니다. 우리가 실패했을 때, 실패는 깨달음을 줍니다. 실패할 때마다 무언가 배우고 강해질 겁니다. 계속 시도하고 절대로 포기하지 마십시오. 당신은 해낼 수 있습니다.

사랑(Love)

그는 어느 누구보다 자기 자신을 사랑하고, 칭찬해 주면서 무엇이든 어렵지 않게 할 수 있다는 믿음 하나로 살아간다면 세상에 어려운 것은 없다고 말합니다.

그는 2012년 일본계 미국인 미야하라씨와 결혼을 하였습니다. 닉은 현재 두 아이의 아빠이며 '팔과 다리가 없는 삶'(Life Without Limbs)이라는 단체를 만들어서 세계 방방곡곡을 돌아다니며 수많은 사람들에게 큰 감동을 주고 있습니다.

청소년 여러분들도 자기 존재의 소중함 속에서 행복을 깨닫고, 끊임없는 도전과 실패 속에서 할 수 있다는 자신감과 교훈을 통해 세상을 사랑하는 사람이 되시길 바랍니다.

▲ "절대 포기하지 마세요. 제가 할 수 있으면 여러분도 할 수 있습니다." 〈닉 부이치치〉

공감대화

주제   소중하고 특별한 나

준비   "너는 특별하단다" 5분 분량 동영상 시청(유튜브나 인터넷)

〈줄거리〉

'웸믹'이라는 '나무사람들'이 사는 마을이 있다. 웸믹들은 모양은 다르지만 한 목수가 만들었고, 한 마을에 살고 있다. 웸믹들은 날마다 별표가 든 상자와 점표가 든 상자를 들고 마을을 돌아다니며 서로에게 별표나 점표를 붙여준다. 매끄럽고 색이 잘 칠해진 웸믹들은 별표를 받고 거칠고 칠이 벗겨진 웸믹들은 점표를 받는다.

펀치넬로라는 웸믹의 몸은 잿빛 점표로 가득했다. 웸믹들은 점표로 가득한 펀치넬로를 보고 좋은 나무사람이 아니라고 수군거렸다. 그러다 보니 펀치넬로도 스스로 자신은 좋은 나무사람이 아니라고 생각하게 되었다.

어느 날 펀치넬로는 루시아라는 친구와 웸믹을 만든 엘리 아저씨를 찾아갔다. 아저씨는 "펀치넬로, 남들이 너를 어떻게 생각하느냐가 아니라, 내가 나를 어떻게 생각하느냐가 중요하단다. 너는 아주 특별하단다. 나는 항상 좋은 나무사람만 만들거든."

펀치넬로가 아저씨의 말을 믿는 순간 점표가 하나씩 땅으로 떨어졌다. '너는 아주 특별하단다'라는 말을 믿는 순간부터.

–지은이 맥스 루케이도–

관찰 – 내용확인

너는 특별하단다의 내용은 무엇인가요?

(인물, 배경, 이야기 내용은 무엇인가요?)

반응

동영상을 본 반응은 무엇인가요?

어떤 기분이 드는가요?

동영상을 보고 떠오르는 경험은 무엇인가요?

이해

동영상이 주는 교훈은 무엇인가요?

자신에게 중요한 것은 무엇인가요?

나는 특별한가요? 특별한 이유가 무엇일까요?

다른 사람에 대한 우리의 변화된 인식은 무엇인가요?

결심

동영상을 본 후 나의 결심은 무엇인가요?

창의대화

주제 행복한 나를 만들기 위한 프로젝트

준비 포스트잇, A4, 필기도구, 보드마카(칠판, 벽 등을 활용해서 활동을 진행한다)

생각 이끌기

특별한 나를 생각하면서 이제 더 행복한 내가 되기 위한 방법들은 어떤 것들이 있을까요? 7~8개 정도 생각해보고 A4용지에 적어보세요.

(진행자는 '잘못된 답은 없으며, 최선의 결과를 얻기 위해 모두의 지혜가 필요함'을 강조한다)

의견 모으기

A4 용지에 적은 의견들을 한 가지씩 포스트잇 1 장에 정자로 크게 적어 제출하게 한다.

제출한 의견들을 칠판(벽, 전지 등)에 붙이며 함께 읽게 한다. 모호한 의견은 제출한 학생이 설명하게 한다.

의견 분류하기

제출된 의견을 학생들이 주제별로 분류하게 한다.(학생들이 의견을 내면 진행자는 의견에 따라 주제별로 의견들을 분류한다)

이름 짓기

분류된 의견들을 대표할 이름을 짓게 한다. 여러 이름들이 나오면 공감대화의 절차를 따라 가장 적합한 이름을 합의하도록 한다.

마무리

발표한 내용들을 함께 읽게 하고 주제별 이름을 활용하여 나를 향한 긍정 선언문을 만든다.

이미지 바꾸기

주제 꿈을 향해 달려가게 하는 에너지 만들기

긍정적인 자아 이미지 바꾸기 활동지

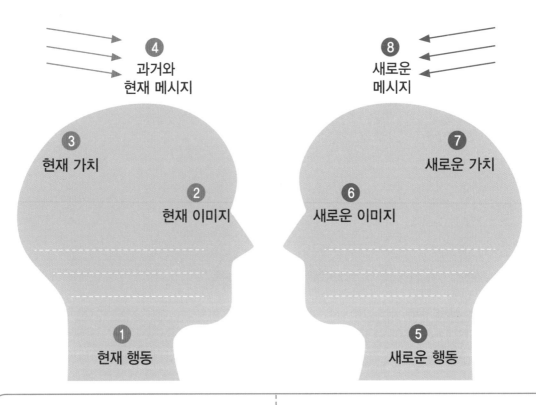

① 지금 나의 내면의 소리를 적어보세요.
예) 나는 할 줄 아는 것이 없어.

② 자신의 자아 이미지를 표현해보세요.(감정 이모티콘이나 문장으로 표현)

③ 자아 이미지를 형성하고 유지하게 하는 가치와 신념을 적어보세요.

④ 현재의 자아 이미지를 가지게 한 과거 경험과 메시지는 무엇인가요?

⑤ 자신감 있고 긍정적인 새로운 자아를 표현해보세요.

⑥ 자신감 있고 긍정적인 자신의 새로운 이미지를 표현해보세요.(감정 이모티콘이나 문장으로 표현)

⑦ 새로운 자아 이미지를 형성하고 유지하기 위한 가치와 신념을 적어보세요.

⑧ 새로운 자아 이미지 변화에 필요한 메시지의 활동을 적어보세요.

인간보다 더 인간적인 코끼리

"코끼리는 아프다."라는 이 책을 읽고 나는 코끼리가 정말 좋아졌습니다. 코끼리들이 살아가는 방식을 알고 나니 코끼리를 더 좋아하게 되었습니다. 그리고 이 책을 읽고 난 후에 코끼리들이 이 지구에서 잘 살아가기 위해 내가 할 수 있는 일에 대해 고민하게 되었습니다.

코끼리는 지구상에 남아있는 가장 큰 몸집의 동물입니다. 조용하고 온순한 초식 동물입니다. 코끼리는 동료가 죽으면 애도를 합니다. 그것은 동료가 죽으면 슬퍼하는 돌고래와는 또 다른 모습을 보입니다. 코끼리들은 모여서 죽은 동료나 선배들을 애도하는 의식을 치릅니다. 또한 코끼리 무리 중에서 가장 존경받는 이는 힘이 센 자가 아니라 가장 지혜가 풍부한 나이 든 코끼리입니다.

인간보다 더 인간적인 코끼리들입니다.

이런 온순한 성격의 코끼리가 '초원에서 코뿔소 100여 마리를 상아로 들이받아 죽였다.' 하거나 우울증으로 동료를 해치거나 식이장애가 있는 새끼 코끼리를 물에 빠트려 살해하는 어미 코끼리까지 등장했다고 합니다. 무슨 일이 있었기에 온순한 코끼리가 동족살해를 일삼게 된 걸까요? 폭력적인 성향의 코끼리는 그저 그런 성격의 코끼리였던 걸까요?

"코끼리는 아프다"에서는 "코끼리 아저씨, '외상 후 스트레스 장애' 판정을 받다"란 문장을 크게 적어 놓았습니다. 그 문장의 뜻을 따라 책을 읽다 보면 가슴이 먹먹해져서 눈물이 납니다. 코끼리들이 처해져 있는 현실에 대한 생각과 그런 현실을 만들어내는 인간과 인간집단에 대해서 아픈 마음이 생깁니다.

이 책은 자아인식이 인간만의 영역이 아님을 지적하고 있습니다. 심리학적 이론인 의식 이론, 거울 이론, 애착 이론, PTSD(외상 후 스트레스 장애)등이 있습니다. 이런 이론들을 통해 인간을 보고 코끼리를 이해하고 분석하기도 하며, 코끼리를 통해 인간 사회를 이해하기도 합니다. 그렇기에 지은이는 코끼리를 통해서 인간을 보며 그들의 파멸이 인간의 파멸과 맞닿아 있음을 강조합니다.

인간과 코끼리, 코끼리와 인간, 그리고 자아의식이 있는 한 생명체로서 충분히 이해하고 함께 아파할 수 있는 책 속의 이야기들을 읽다 보면 인간보다 인간적인 코끼리에 대한 생각이 머릿속을 떠나지 않습니다.

지금 지구상의 가장 몸집이 크고 풀만 먹는 착한 친구인 코끼리가 아픕니다. 지구에서 사라지고 있습니다.

우선순위 결정

본인의 가치관을 정립하고 그 가치에 따른 사고와 적정한 행동 능력을 기릅니다.

1. 우선순위의 필요성을 알 수 있습니다.
2. 효과적인 우선순위 방법을 알 수 있습니다.
3. 나의 우선순위 계획을 세울 수 있습니다.
4. 나의 우선순위 계획을 실천할 수 있습니다.

참고문헌

심미영(2013), 목적·권리·의무 모형을 이용한 중학생의 의사결정, 강원대학교 박사학위논문.

우선순위 결정

의사결정이란 무엇일까요?

　의사결정이라는 말은 어떤 문제를 해결하기 위해 여러가지 대안 가운데 하나를 선택하는 과정입니다. 의사결정을 내리는 주체는 개인, 집단, 조직 등 다양합니다. 의사결정에서 중요한 것은 일정한 목표를 설정하는 것입니다. 즉 의사결정은 '목표를 달성하기 위한 몇 가지 대안을 탐색하여 이를 일정한 기준과 방법에 따라 상호 비교함으로써 가장 합리적이고 실행 가능한 방안을 선택하는 행동'이 되겠습니다.

의사결정 유형에 대해 알아보겠습니다.

　의사결정의 유형은 크게 세 가지로 분류할 수 있습니다.

　첫째, 합리적 유형으로 자신과 주변 상황을 고려하여 정확한 정보를 얻으며, 신중하게 결정하여 그 결정에 책임을 지는 유형입니다.

　둘째, 직관적 유형으로 의사결정 시 즉각적인 느낌과 감정에 따르고, 문제의 본질에 대해 순간적인 생각으로 결정합니다. 정보 수집의 검토보다 떠오르는 대로 결정하며, 그 결정에 책임을 지는 유형입니다.

　셋째, 의존적 유형으로 다른 사람들의 영향을 많이 받으며 내가 원하든 원하지 않든 그대로 따르며, 사회적으로 인정받으려 합니다. 의사결정에 대해 책임을 지지 않으며, 자신의 상황이 여러 가지로 제한을 받는다고 느끼는 유형입니다.

의사결정에는 과정이 있습니다.

　인간의 의사결정과정은 문제의 인식, 대안의 개발, 선택의 세 단계로 나뉩니다. 문제의 인식 단계에서는 의사결정을 요구하는 환경을 탐색하며 자료를 구하고 문제나 기회를 찾습니다.

　대안개발 단계에서는 선택 가능한 대안들을 개발하고 분석합니다. 이 단계에서는 전 단계에서 발견한 문제를 이해하고 해결책을 모색하며 그 대안들의 타당성을 검토합니다.

　마지막으로 선택 단계에서는 전 단계에서 개발한 대안들 가운데 한 가지를 최종 선택하여 실행합니다.

　이것은 인간의 의사결정 모델이며 의사결정 행위의 주체는 인간입니다. 대부분의 정보시스템은 각 의사결정 단계를 지원할 뿐 최종 의사결정은 인간이 내립니다.

전쟁을 막는 방법

16세기 말의 조선, 명, 일본의 동아시아 국제 정세는 크게 변하고 있었습니다.

중국 대륙에서는 여진족이 다시 일어나 힘을 키워 가고 있었으며, 일본에서는 도요토미 히데요시가 전국 시대의 혼란을 수습하고 일본을 통일합니다. 그 시기에 조선은 양반 사회가 분열되어 서로를 견제하는 당파싸움으로 국력이 급격하게 약화되어 가던 중이었습니다.

일본의 도요토미 히데요시는 복속시킨 영주들의 불만을 잠재우기 위해 명을 정복하기로 결정하고 조선에게 명으로 가는 길을 열어달라는 명분을 내세워 16만의 왜군을 보내 조선을 침략합니다.

1592년 5월 23일, 임진왜란의 시작이었습니다.

예상치 못한 일본의 침입에 일방적으로 밀려 수도인 한양까지 내어 준 조선은 이순신이 이끈 수군의 연승과 각지에서 일어난 의병의 활약으로 반전의 계기를 마련하게 되고, 명의 군대가 참전하면서 7년간의 전쟁을 치르며, 도요토미 히데요시의 죽음과 함께 왜군이 철수하면서 전쟁은 끝이 납니다.

이 전쟁은 동아시아 3국에 큰 영향을 미치게 됩니다.

조선을 돕기 위해 참전한 명은 국력을 지나치게 소모하여 쇠약해져 여진족이 세운 청에 의해 무너지게 됩니다. 반면 일본은 참전한 영주와 군사들을 제외하고는 전쟁의 피해를 거의 입지 않았으며, 오히려 조선에서 끌고 간 도자기 기술자들과 학자들을 통해 에도 막부 시대의 문화 발전을 이룰 수 있었습니다.

침략을 받았던 조선은 국토가 황폐해졌으며, 경작지가 전쟁 전에 비해 3분의 1 이하로 줄었고, 인구도 크게 줄었습니다. 전쟁 중에 수많은 사람들이 왜군에 의해 학살당했고 일본으로 끌려갔습니다. 일본에 끌려간 조선인들은 당시에 일본에 와있던, 전세계 노예시장을 장악하고 있던 포르투갈 상인들에게 노예로 팔려가기도 했습니다. 전쟁 중에 문화재의 소실도 컸습니다. 불국사 및 역대의 실록을 보관하는 창고인 사고 등이 왜군에 의해 불에 탔고, 활자, 서적, 도자기, 그림들을 약탈 당했습니다. 일본의 침략을 막아냈으나 조선이 입은 피해는 크고 참혹했습니다.

임진왜란이 일어나기 10여 년 전에 왕과 신하가 함께하는 토론 자리에서 이런 논쟁이 일어납니다.

"미리 10만 명의 군인을 양성하여 나라의 급한 일이 있을 때에 대비해야 합니다. 그렇지 않으면 10년이 지나지 아니하여 나라에 큰 화가 있을 것입니다."

병조판서 율곡 이이의 주장이었습니다. 그러자 정승 유성룡이 대답합니다.

"특별한 이유도 없이 군대를 양성하는 것은 화근을 만드는 것입니다."

이이가 유성룡에게 다시 말하기를,

"무엇이 먼저이고 무엇이 나중인 것을 모릅니까? 다른 사람은 기대할 것이 없다 하지만 어찌 그대도 그런 말을 하는가요?" 하고 미래를 준비하려는 마음이 없는 유성룡의 태도를 지적했습니다. 그리고 이이는 변화하는 동아시아의 정세를 예상하고 변화와 위기 속에서 나라를 지키기 위해서, '현명하고 능력있는 자를 등용할 것, 군인을 양성할 것, 국가 재산을 충족할 것, 국경을 굳건히 할 것, 병기를 준비할 것' 등 나라를 지키기 위해서는 미리 준비해야 한다는 10만 양병설을 주장했습니다.

그러나 이런 율곡 이이의 주장은 받아들여지지 않았습니다. 만일 이 주장이 받아졌다면 그래서 미리 준비를 했다면 임진왜란은 어떻게 진행되었을까요? 조선이 그렇게 많은 피해를 입지 않았을지 모릅니다. 애초에 임진왜란이 없었을 지도 모릅니다.

그 후 임진왜란이 일어나고 큰 전란을 겪은 후에서야 유성룡은 스스로에게 말하기를,

"지금 와서 보면 문성공(이이)은 참으로 성인이다. 만약 그때 그 말대로 10만 대군을 양성해 미리 대비했더라면 나라 일이 어찌 이렇게 되었겠는가."라고 탄식을 하였답니다.

무엇을 미리 준비하고 어떻게 대비해야 한다는 것을 말해주는 역사 속의 중요한 교훈입니다.

▲ 예전부터 우선 순위에 대한 토론은 항상 있어 왔습니다.
그런 논쟁으로 당파가 갈리기도 했습니다.

공감대화

주제 무엇이 가장 중요할까?

준비 돌, 자갈, 모래, 투명한 유리 항아리

〈체험 활동〉

돌

자갈

항아리

모래

돌, 자갈, 모래, 항아리가 있다.

항아리에 3가지를 다 넣으려면 어떻게 해야 할까?

관찰 – 내용확인

조별 체험을 한다.

반응

(생략하고 이해 단계로 넘어감)

이해

돌, 모래, 자갈이 상징하는 것은 무엇인가요?

3가지를 항아리에 다 넣는 방법은 무엇인가요?

이 활동이 우리에게 주는 교훈은 무엇인가요?

지금 나에게 중요한 것은 무엇인가요?

나는 무엇을 먼저하고 있는가요?

이런 삶의 습관이 나의 미래에 어떤 결과를 가져 올 것 같은가요?

결심

이 활동을 통한 나의 결심은 무엇인가요?

우선순위 매트릭스

주제 무엇이 중요하고 먼저 해야 할 일인가?

준비 전체 학생을 대상으로 칠판을 활용해서 빈칸에 목록을 적게 한다.

	급한 일	급하지 않은 일
중요한 일	I	II
중요하지 않은 일	III	IV

I을 먼저 실행한다.
II에 많은 시간을 두고 계획하고 실행하며 그리고 I의 일을 줄여 나간다.
III, IV는 계속해서 줄이고 II에 더 많은 시간을 활용한다.

이미지 바꾸기

주제 꿈을 성취하기 위한 이미지 바꾸기

꿈을 성취하기 위한 우선순위 이미지 바꾸기 활동지

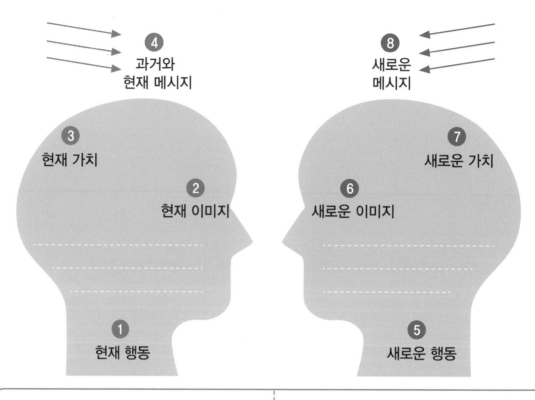

④ 과거와 현재 메시지

③ 현재 가치

② 현재 이미지

① 현재 행동

⑧ 새로운 메시지

⑦ 새로운 가치

⑥ 새로운 이미지

⑤ 새로운 행동

❶ 꿈을 이루기 위해 지금하고 있는 나의 활동을 적어보세요.

❷ 꿈을 준비하는 지금 나의 이미지를 표현해보세요. (감정 이모티콘이나 문장으로 표현)

❸ 현재 꿈을 준비하는 나의 이미지를 형성하고 유지하게 하는 가치와 신념을 적어보세요.

❹ 꿈을 이루기 위해 지금까지 해 온 일이나 정보를 적어보세요.

❺ 꿈을 이루었을 때의 나의 모습을 적어보세요.

❻ 꿈을 이루기 위한 새로운 이미지를 표현해보세요. (감정 이모티콘이나 문장으로 표현)

❼ 새로운 이미지를 형성하고 유지하기 위한 가치와 신념을 적어보세요.

❽ 꿈을 이루기 위한 이미지 변화에 필요한 새로운 메시지, 활동을 우선순위로 적어보세요.

성공하는 습관

습관 1: 자신의 삶을 주도하라. 인생 코스를 스스로 선택하라. 성공하는 사람들은 자신이 할 수 없는 일에 집착하거나 외부의 힘에 반응하는 대신, 할 수 있는 일에 집중하며 자신의 선택과 결과에 책임을 진다.

습관 2: 목표를 확립하고 시작하라. 자신이 어디로 향하고 있는지 알기 위해서는 전반적인 인생목표를 포함해 최종목표를 정해야 한다.

습관 3: 중요한 것부터 먼저 하라. 긴급함이 아니라 중요성을 기반으로 업무 우선순위를 정하고 습관 2에서 정한 목표성취를 돕는 계획을 세워라. 우선순위에 따라 업무를 수행하라.

습관 4: 상호이익을 모색하라. 쌍방에 도움이 되는 해결책을 추구하라.

습관 5: 이해시키려 하기 전에 먼저 상대를 이해하려 하라. 상호존중하는 환경을 조성하고 문제를 효과적으로 해결하기 위해서는 타인의 말을 경청하고 열린 자세를 가져야 한다. 이로써 상대도 같은 태도를 보이도록 유도할 수 있다.

습관 6: 시너지를 창출하라. 혼자서 달성할 수 없는 목표를 이루기 위해 팀을 활용하라. 팀원들의 최대성과를 이끌어내기 위해 유의미한 공헌과 최종목표를 장려하라.

습관 7: 심신을 단련하라. 장기적으로 성공하기 위해서는 기도나 명상, 운동과 봉사활동, 고무적인 독서를 통해 몸과 마음, 영혼을 건강하게 유지하고 쇄신해야 한다.

이 내용은 스티븐 코비의 성공하는 사람들의 7가지 습관에 대한 내용입니다. 지금까지 한국의 리더십 교육 시장은 서양 중심의 문화가 지배해왔습니다. 그리고 당연히 서양문화를 배경으로 만들어진 프로그램들을 가지고 교육합니다. 그래서 이야기나 동영상 자료 등에서 문화적 이질감을 느끼곤 합니다. 한국에서 개발된 소규모 리더십 프로그램들이 있지만 한국적 상황에서 만들어진 체계적인 디지털 콘텐츠는 거의 없습니다. 당연히 한국문화에 기반한 전문 인성 리더십 프로그램도 마땅한 것이 없습니다.

우리는 이제 인성과 품성·관계능력 개발의 측면에서 한국적인 프로그램을 충분히 만들 수 있는 최고의 환경을 갖추었습니다. 세계를 주도하는 리더십 교육이 한국에서 개발되었으면 좋겠습니다.

03 명확한 자기주장

자기의 생각을 이해하고 감정을 솔직하게 표현할 줄 아는 훈련을 통해 생활태도 능력을 함양합니다.

1. 갈등 예방 및 해결에 도움을 줄 수 있습니다.
2. 타인에 대한 공감과 배려심을 기를 수 있습니다.
3. 상대방이 의도를 정확히 파악할 수 있습니다.
4. 원만한 관계 형성을 통하여 행복한 삶을 살 수 있습니다.

자기주장

자기주장이란 타인과의 의사소통 과정에서 상대방의 권리를 침해하거나 불쾌하게 하지 않는 범위 내에서 자신의 감정, 권리, 욕구, 생각이나 의견을 솔직하게 상대방에게 직접적으로 표현하는 행동입니다.

자기주장의 구성요소 3가지를 알아볼까요?

1. 상대방이 친한 사람이라도 자신이 하는 주장과 행동에 관하여 이유를 설명하고, 자신의 생각을 끝까지 내세우면서도 조심성 있게 행동하여 예의를 지키는 것이 중요합니다.
2. 자신이 나타내고자 하는 바를 상대방에게 분명하게, 그리고 가급적이면 대화의 초반에 나타내며, 정직하게 직접 표현합니다.
3. 상대방과 말을 할 때에 상대방이 알아들을 수 있도록 적당한 소리로, 단호하고 또렷한 음성으로 말하며, 자연스러운 억양과 적절한 몸짓을 취합니다.

자기주장의 기본원리입니다.

1. 상황에 따라 나를 가능한 한 많이, 적절하게 표현하라.
2. 기분이 좋든 나쁘든 느끼는 모든 감정을 표현하려고 노력하라.
3. 스스로를 더욱 존경하고 사랑하게 만드는 행동을 하라.
4. 자신의 행동을 검토하고 좀 더 자기주장적이기를 원하는 영역을 찾아라.
5. 세상이 달라지기보다는 스스로 세상을 다르게 만들어 갈 수 있는 작은 행동을 하라.
6. 공격은 의도적으로 타인에게 반감을 일으키는 행동이며, 자기주장은 자신을 올바르게 주장하는 행동이다.

좋은 자기주장 태도입니다.

1. 신념에 찬 확고한 목소리로 말하라.
2. 상대방을 똑바로 바라보며 말하라.
3. 적절한 동작을 하면서 말하라.
4. 말과 얼굴 표정을 일치시켜라.

거절해야 할 경우에는 이렇게 말해보세요.

1. 생각할 시간을 좀 주세요.
2. 정말 좋은 제안이군요.
3. 저를 찾아주셔서 감사합니다.
4. 저는 그런 일을 하지 않는다는 원칙을 가지고 있습니다.
5. 지금은 곤란한데요.
6. 죄송합니다. 곤란합니다.

영화 '킹스 스피치'

영국 여왕 엘리자베스 2세의 아버지인 조지 6세의 실화를 바탕으로 한 영화입니다.

치명적인 약점을 가진 한 나라의 리더가 어떻게 자신의 열등감을 극복해 내고 진정한 리더로 거듭나게 되었는가를 그리고 있습니다.

조지 6세는 왕의 차남으로 서열상 왕이 될 수 없었습니다. 형의 왕권 포기로 왕위에 오르게 되었습니다. 당시 세계 강국의 하나였던 영국의 왕이지만 조지 6세는 말을 더듬는 콤플렉스를 가지고 있어 여러 사람들 앞에서 말하는 것을 힘들어 했습니다. 그는 왕이 되기 전부터 언어치료 전문가들에게 치료를 받았습니다. 하지만 그는 자신의 권위와 체면 때문에 쉽게 치료를 받지 못했습니다.

직위 상 대중 앞에서 연설할 기회가 많음에도 불구하고 말을 더듬으로 인해 반복되는 실수 때문에 점점 자신감을 잃어 가던 중, '로그'라는 언어치료사를 만나 많은 대화 방법을 실험하고 반복하며 교정해 나갔습니다.

로그는 조지 6세의 장애 원인이 후천적인 심리적 열등감에서 생긴 것을 알게 되었습니다. 어릴 적 유모로부터 학대받은 기억과 왕손으로 지켜야 할 규범과 형식들이 그를 좌절케 했음을 알았습니다. 그로 인해 말을 더듬게 되고 그 열등감으로 장애를 극복하지 못하는 악순환을 반복하게 됨을 알았습니다.

왕이라는 존재가 모든 사람의 기대를 충족시켜 주면서도 정작 자신은 필연적으로 외로울 수밖에 없는 지도자의 고난을 이해하였습니다. 그리고 치료하는 과정에서 서로의 이견과 갈등으로 다투기도 하면서 서로 좋은 친구가 되었습니다. 단순히 말하는 연습이 필요한 것이 아니라 말을 더듬게 하는 마음, 내적에 깔린 상처받고 외로운 심리를 교정해 줌으로써 치유할 수 있다고 본 것입니다. 자신이 처한 환경이나 장애에 대해 열등감으로 시달려 자신의 뜻을 정확히 표현 못하는 사람이 의외로 많습니다. 과거의 상처나 내적 불안한 심리 때문에 삶을 어둡게 하는 악순환 속에 갇히게 되기도 합니다.

제2차 세계대전이 발발하면서 조지 6세는 왕으로서 국정 운영을 해 나가기 위해서는 온 국민은 물론, 전 세계 사람들을 대상으로 연설을 해야 했습니다. 대중 앞에서 연설하는 것이 두려웠지만 왕은 끝까지 포기하지 않았습니다. 국민을 위해 트라우마를 극복했던 조지 6세의 진심어린 연설은 독일과의 전쟁을 선포하는 라디오 연설에서 국민들에게 고스란히 전달되었고, 이 연설은 전쟁을 앞둔 영국 국민을 하나로 뭉치게 하는 역사가 되었습니다.

우리가 학교생활을 하다보면 여러 사람 앞에서 발표를 하거나 연설을 해야 될 순간을 맞이하게 되는데 누구나 명연설가가 될 수는 없습니다. 특히, 사람들 앞에 나서서 말을 해야 하는 사람이라면 이런 어려움 앞에서 더 크게 좌절하게 됩니다.

어떤 사람들은 처음에는 이런 상황이 스트레스로 느껴질 수도 있고 간단한 발표 앞에서도 작아지고 위축되는 자신을 발견할 수도 있습니다. 그럴 때는 스스로 열등감을 극복하겠다는 의지와 용기를 가져야 합니다.

또 내 주변에 그런 의지와 용기를 격려해 줄 수 있는 좋은 조력자를 찾는 것도 좋은 방법입니다. 친구끼리 서로 도와주는 것도 좋은 방법입니다.

영화 '킹스 스피치'의 조지 6세처럼 타인에게 자신의 의사를 정확하게 전달할 수 있기 위해서는 자신의 열등감을 스스로 극복해 내는 일이 꼭 필요합니다.

보다 나은 나의 삶을 위해서도 자신의 생각과 뜻을 정확히 전달할 수 있어야 합니다. 부족하다면 자신의 의견을 전달할 수 있는 연습을 해야 합니다. 자신의 의견을 올바르게 전달한다는 것은 서로가 배려할 수 있는 마음을 가질수 있는 시작일 수 있기 때문입니다.

▲ 올바르게 전달하려면 자신의 열등감부터 극복해 내는 노력이 꼭 필요합니다.

공감대화

주제   아! 그게 아니라니까!

준비   사자성어, 속담, 짧은 문장을 적은 카드(각 10개 씩)

〈사례-말과 연관 있는 우리 속담〉

말 많은 집은 장맛도 쓰다.

말이 많으면 실언도 많다.

말 못하는 벙어리 속은 그 어미도 모른다.

가는 말이 고와야 오는 말도 곱다.

말만 잘하면 천냥 빚도 갚는다.

말이 많으면 쓸 말이 적다.

발 없는 말이 천리 간다.

빈 수레가 더 요란하다.

말 속에 뼈가 있다.

말 안하면 귀신도 모른다.

말은 해야 맛이고 고기는 씹어야 맛이다.

말이란 '아' 해 다르고 '어' 해 다르다.

말 한마디가 대포알 만 개도 당한다.

말 한마디에 천금이 오르내린다.

힘센 아이 낳지 말고 말 잘하는 아이 낳아라.

관찰 - 활동

3명이 앞으로 나와 한 주제씩 한 사람이 말은 하지 않고 입 모양으로만 카드에 적힌 내용을 표현한다. 나머지 학생들은 입 모양만을 보고 카드 내용을 맞춘다.

반응

입 모양 맞추기 활동을 한 기분이 어떤가요?

앞에서 입 모양만 가지고 카드 내용을 표현 할 때 어떤 기분이 들었는가요?

앉아서 입 모양을 맞추는 학생들의 기분은 어떠했나요?

이 활동을 하면서 떠오르는 경험은 무엇인가요?

이해

이 활동과 관련 있는 속담에는 어떤 것들이 있나요?

이 활동을 통해 우리가 배울 수 있는 것은 무엇인가요?

부모님, 친구들과 간혹 오해 할 때가 있는데 이유는 무엇인가요?

결심

이 활동을 통한 나의 새로운 결심은 무엇인가요?

창의대화

주제   명확한 의사표현을 잘 하는 방법에는 어떤 것들이 있을까요?

준비   포스트잇, A4, 필기도구, 보드마카(칠판, 벽 등을 활용해서 활동을 진행한다)

생각 이끌기

명확한 의사표현을 잘 하기 위해서는 어떤 방법들이 있을까요? 7~8개 정도 생각해보고 A4 용지에 적어보세요.

(진행자는 '잘못된 답은 없으며, 최선의 결과를 얻기 위해 모두의 지혜가 필요함'을 강조한다)

의견 모으기

A4 용지에 적은 의견들을 한 가지씩 포스트잇 1장에 정자로 크게 적어 제출하게 한다.

제출한 의견들을 칠판(벽, 전지 등)에 붙이며 함께 읽게 한다. 모호한 의견은 제출한 학생이 설명하게 한다.

의견 분류하기

제출된 의견을 학생들이 주제별로 분류하게 한다.(학생들이 의견을 내면 진행자는 의견에 따라 주제별로 의견들을 분류한다)

이름 짓기

분류된 의견들을 대표할 이름을 짓게 한다. 여러 이름들이 나오면 공감대화의 절차를 따라 가장 적합한 이름을 합의하도록 한다.

마무리

발표한 내용들을 함께 읽게 한다.
시간적 여유가 있으면 명확한 의사표현의 우선순위를 정해 리스트로 정리해 본다.

이미지 바꾸기

주제　많은 사람 앞에서 자신 있게 의사표현을 하는 나

명확한 의사표현을 잘하기 위한 이미지 바꾸기 활동지

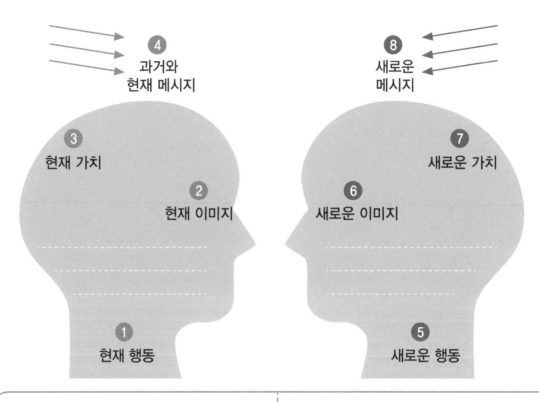

❶ 일상적인 대화 및 발표할 때의 내 모습을 적어보세요.

❷ 발표할 때의 나의 이미지를 표현해보세요.(감정 이모티콘이나 문장으로 표현)

❸ 현재 발표 때의 나의 이미지를 형성하고 유지하게 하는 가치와 신념을 적어보세요.

❹ 지금의 나의 이미지를 만들게 한 일들과 메세지는 무엇인가요?

❺ 명확한 의사표현을 잘 하는 내 모습을 적어보세요.

❻ 의사표현 잘하는 나의 새로운 이미지를 표현해보세요.(감정 이모티콘이나 문장으로 표현)

❼ 새로운 이미지를 형성하고 유지하기 위한 가치와 신념을 적어보세요.

❽ 새로운 이미지 변화에 필요한 메세지, 활동을 적어보세요.

구텐베르크의 공헌

구텐베르크 인쇄기의 인쇄 속도는 기존의 필사에 비해 혁명적이었습니다. 인쇄기를 사용해서 1450년부터 50년 동안 3만 종의 책을 총 2천만 부나 인쇄할 수 있었습니다. 이는 이전 1천 년 동안 출판된 책보다 더 많은 양의 책이었습니다.

구텐베르크의 인쇄기는 정보혁명에도 기여했습니다. 성경은 오랜 시간 필사로 만들어야 해서, 성경 66권 한 질의 값이 일반인들의 집 10채 가격이었습니다. 그 때문에 성경은 수도원이나 교회만 소유할 수 있었고, 성경을 독점한 교회는 교리를 자신들 방식으로 해석하고 체제를 유지할 수 있었습니다. 인쇄기의 개발로 성경이 대량 보급되어 사람들이 손쉽게 성경을 접할 수 있게 되면서 종교개혁에 기여했습니다. 루터(Martin Luther)는 교회의 면죄부 판매에 대해 '95개 조 반박문'을 게시하며 가톨릭교회의 개혁을 외쳤습니다. 루터의 95개 조 반박문은 30만 부 이상 인쇄되어 두 주 만에 독일 전역에, 두 달 만에 유럽 전역으로 퍼져나갔습니다. 1517년에 일어난 루터의 종교개혁은 유럽을 중세 가톨릭교회의 억압에서 벗어나게 한 근대의 출발점이었습니다. 결과적으로 종교개혁의 도화선이 된 것은 구텐베르크의 인쇄술이었습니다. 인쇄기는 특정 계층에 의해 독점되어 오던 정보와 지식을 대중화하여, 중세사회에 혁명적 변화를 이끌어 근대 시민사회의 문을 열었습니다.

구텐베르크가 금속활자 인쇄기로 성경을 인쇄한 것은 1450년대였습니다. 이는 1377년 고려에서 금속활자로 인쇄한 『직지심체요절』보다 70여 년 후입니다. 고려의 『석가모니 직지심체요절』 하권과 구텐베르크의 양피지에 인쇄된 『구텐베르크 42행 성경』이 2001년 나란히 유네스코의 세계기록유산으로 지정되었습니다. 구텐베르크의 인쇄술이 중세 이후 유럽 문화의 비약적 발전을 이루어낸 것과는 달리 고려의 금속활자는 지식의 대중화에 기여하지 못했습니다. 이유는, 구텐베르크가 민간 업자로서 인쇄술의 발전을 선도한 것과 달리 고려는 인쇄소를 국가기관으로 한 곳만 운영했기 때문입니다.

15세기의 조선에서는 90여 년간 11종의 금속활자가 만들어졌으며 금속활자로 인쇄된 책은 1,000종을 넘지 않았고, 종별 부수도 20~200부에 불과했던 반면, 비슷한 시기의 유럽은 구텐베르크 인쇄기술로 2천만 부의 책이 인쇄되었습니다.

이런 이유로 고려의 금속활자가 '세계 최초의 금속활자'이면서도 구텐베르크의 인쇄기 이상으로 평가받지 못하고 있어 아쉬움이 있는 것입니다.

(출처: https://qq9447.tistory.com/482)

▶ 쿠덴 베르크의 금속 활자기술

04 책임있는 행동

자기의 생각과 행동에 대한 성찰을 통해 그에 대한 책임있는 태도를 기르는 능력을 배양합니다.

1. 책임감의 정의를 알 수 있습니다.
2. 책임감의 중요성을 이해할 수 있습니다.
3. 책임있는 행동을 할 수 있습니다.

참고문헌

김동환(1999), 디트리히 본회퍼와 리차드 니버의 책임 윤리론 비교 연구, 한신대학원 석사학위논문.

책임감이란 무엇입니까?

책임은 명사 '반응(response)'에서 유래한 것으로, '응답할 수 있는 능력'을 말합니다. 책임감은 스스로의 요청 또는 외부에서 나오는 요청에 응답하고자 하는 개인의 내적 상태입니다. 그리고 책임감은 다양한 내적 상태의 기본 요소로, 특정한 행동을 하도록 하거나 행동의 방향을 결정하는 원동력이 됩니다.

책임지는 인간이란 대화하는 인간, 자기에게 부과된 책무에 응답하여 행동하는 인간입니다.

책임에는 응답이 따릅니다.

책임은 네 가지 요소로 구성되어 있습니다. 첫째 요소는 응답이고, 두 번째는 해석이며, 세 번째는 책무이고, 네 번째는 사회적 유대입니다. 책임의 요소 중 응답이 가장 중요합니다. 우리의 모든 행위는 우리에게 주어진 행위에 대한 응답입니다. 인간의 특징은 무엇을 지각하고 분석, 비교하는 데에 있습니다.

따라서 인간은 자기에게 부과된 행위에 응답할 때, 그 행위의 의미를 해석하면서 응답합니다. 인간은 어떤 해석된 것, 이해된 것에 대해 반응합니다.

응답의 핵심은 관계입니다.

응답에 있어서 핵심은 관계입니다. 인간은 대답하는 존재, 대화하는 존재, 상대방의 행동에 대해 행동으로 응답하는 존재입니다. 인간은 사회 안에서 상대방의 행동을 해석하고 반응합니다. 이런 반응은 삶의 전 영역에서 일어납니다.

우리는 사회 안에서뿐만 아니라 '더위와 추위, 폭풍과 청명한 날씨, 지진, 건강과 질병, 동물과 식물 등 우리에게 영향을 끼치는 자연계 안에서 그 자연의 사건들을 해석하고 그 자연현상들에게 응답하는 존재'로 살아가고 있습니다.

일에 대한 책임감입니다.

일에 대한 책임감은 소명의식입니다. 소명의식은 두 가지 의식을 동시에 의미하는데, 하나는 내면적 신념이고 다른 하나는 신념을 현실 속에서 이행하고자 하는 의식입니다. '신념'은 외부로부터 목적의식이 주어지는 것이 아니라 신앙 또는 신념을 통해 갖게 됩니다.

이는 외부적 보상이나 제재가 아니더라도 마땅히 해야할 의무감을 갖는 것으로 윤리적·도덕적 기초입니다. '책임'은 내면적 신념을 현실 세계에서 아무리 힘들더라고 이루어 내는 것을 자신의 의무라고 생각하는 것입니다.

따라서 일에서의 책임감이란 내면적 신념을 현실에서 이루어 내는 실천적인 개념입니다.

책임 있는 태도

음악 시간에 조별 수행평가로 '컵타'를 시작했습니다.

컵타는 손으로 컵을 두드리며 연주하는 활동을 말합니다.

이 활동은 모두가 한마음 한뜻이 되어 박자를 맞추며 연주해야 하므로 친구들이 다 함께 참여하는 것이 아주 중요합니다. 또한 직접 동작을 짜고, 계속해서 연습하며 호흡을 맞춰 보아야 했기에 시간이 많이 필요했습니다.

각자가 역할과 책임을 나누어 맡고 이를 수행해야 합니다. 그래서 우리들은 수업 시간 이외에 따로 만나 연습을 하기로 하고 약속을 잡았습니다.

하지만 약속했던 날, 한참을 기다려도 친구들이 오지 않았습니다. 기다리다 못해 약속한 친구들에게 연락했습니다.

"지금 막 출발하려고 했는데."

"학원이 늦게 끝났어."

"아 맞다. 까먹고 있었네, 지금이라도 갈까?"

한결같이 무책임한 대답들과 함께 '다른 애들이랑 먼저 하고 있어'라는 말을 쉽게 하는 것입니다.

결국 누구 하나 오지를 못하고 약속도 무산되고 말았습니다.

함께 하는 일은 책임감이 필요합니다. 또한 누구 한 명이 잘한다고 해서 좋은 결과가 이루어지는 것이 아닙니다.

'나 하나 빠진다고 활동에 지장 있겠어?'라는 안일한 생각은 공동체 활동에 있어 치명적인 결과로 나타납니다.

이는 자신에 대한 신뢰도를 떨어뜨릴 뿐만 아니라, 잘해보려고 하던 다른 사람들에게 힘이 빠지게 하며 부정적인 영향을 주게 됩니다.

그렇다면 누군가와 함께 무엇인가를 할 때 가져야 할 책임 있는 태도란 어떤 것들이 있을까요? 무엇인가를 함께 하고자 할 때 각자가 가져야 할 가장 중요한 태도는 무엇일까요? 책임감이 아닐까요?

고마운 직업

국가직과 지방직으로 이원화되어있던 소방공무원이 모두 국가직으로 전환되었습니다. 소방관은 '존경하는 직업' 1위에 자주 선정되었습니다. 하지만 동시에 '한국에서 가장 저평가된 직업의 1위로 선정되기도 했는데, 이는 존경은 받지만, 그에 걸맞은 대우는 받지 못했다는 얘기입니다.

2019년 11월 19일 국회 본회의에서 소방공무원법이 통과됐습니다. 기본법이 통과됨으로써 47년 만에 지방직 소방공무원이 국가직으로 전환 되었다는 것입니다. 소방공무원 국가직 전환에 따라 소방관 처우 개선은 물론, 소방서비스의 지역 격차도 해소될 것으로 보입니다.

소방관은 무거운 장비를 착용하고 화재를 진압하고 인명구조를 해야 하기에 강인한 체력과 정신력이 필요합니다. 또한 소방관이라는 직업은 다른 직업에 비해 스트레스 강도가 높습니다.

인구 10만 명당 극단적 선택을 한 소방관이 31.2명에 달합니다. 이는 OECD(경제협력개발기구) 평균인 12.1명보다 2.6배나 높은 수치입니다. 그만큼 스트레스가 많다는 뜻입니다.

국민의 안전이 최우선이라는 마음가짐으로 국민이 어려움에 부닥쳤을 때 가장 먼저 달려가 도움을 주는 존재가 소방관입니다. 시민의 생명과 재산을 지켜주는 고마운 직업입니다. 소방관은 불 끄는 일만 하는 것이 아닙니다. 소방방재청에 따르면 소방관은 국민의 생명과 재산을 보호하고 안전을 지키는 모든 일을 합니다. 한파, 폭설, 수해, 지진 등 자연재해 예방과 대책 수립은 물론 화재, 재난·구급 등에서의 인명구조, 피해 방지를 위한 대응과 재난 현장 복구 업무도 총괄합니다.

위급한 사안이 아닌데도 소방관을 찾는 때도 있습니다. '애완견이 구멍에 빠졌으니 구조해달라' '열쇠를 잃어버렸으니 현관문을 열어달라' 등입니다. 그래서 정작 소방관의 도움이 필요한 사람에게 가지 못하는 경우가 있습니다. 이런 문제가 계속 생기자 소방방재청은 위급하지 않은 구조·구급 요청을 거절할 수 있는 내용의 '119 구조·구급에 관한 법률 시행령' 개정안을 시행하고 있습니다.

긴급한 상황이 아닌데도 119구조대를 부르면 출동 요청을 거절할 수 있습니다. 취객이 집에 태워다 달라거나 단순히 문을 열어달라는 경우, 타박상이나 열상, 찰과상 환자 중에 응급환자가 아닌 경우가 이에 해당합니다.

만성질환자가 정기적인 외래 방문을 위해 병원에 가고 싶다거나 감기 등으로 119를 요청해도 거절할 수 있습니다. 태풍으로 바람이 심하게 부는데 간판이 흔들릴 경우는 사람이 다칠 우려가 있으니 제거해 주지만 일반적인 장애물을 치워달라는 요청에는 응하지 않아도 되는 것입니다.

[참고] 대한민국 정책브리핑

공감대화

주제   약속을 지키는 사람

준비   신용 수레바퀴 진단지

친구와 약속   부모님과 약속

나와 약속   선생님과 약속

신용수레바퀴

반응

1. 한 칸은 10점입니다. 첫 칸이 10점, 맨 가장자리가 100점입니다. 4개 분야의 합계 400점 만점입니다.

2. 약속를 지키는 정도를 생각해서 점수를 매겨 해당 칸에 색칠하시기 바랍니다. 약속을 100% 잘 지키면 100점, 10번 중 7번 만 지키면 70점.

3. 먼저 약속의 의미와 각 대상별 약속에는 어떤 것들이 있는지 질문을 통해 알아보고 활동을 시작합니다.

4. 나와 약속은 스스로 결심한 것에 대한 체크입니다.

관찰 – 활동

신용 수레바퀴를 작성하고 총 점수를 말해 봅시다.

신용점수가 낮은 분야는 무엇입니까?

반응

어떤 기분이 드는가요?

무엇이 그런 기분(우울, 실망, 기쁨, 뿌듯함)을 들게 하는가요?

이 활동과 연관되는 경험이나 사건은 무엇이 있나요?

이 활동을 할 때 떠오르는 이미지는 무엇인가요?

이해

신용점수가 내 인생에 어떤 영향을 미칠까요?

사회는 신용이 낮은 사람을 어떻게 대하는가요?

낮은 점수가 나온 이유는 무엇인가요?

약속이 중요한 이유는 무엇일까요?

모두가 약속을 지키지 않으면 사회는 어떻게 될까요?

약속을 다른 말로 표현한다면 어떤 말로 표현 할 수 있을까요?

결심

이 활동을 통한 나의 새로운 결심은 무엇인가요?

창의대화

주제 어떻게 하면 책임감 있는 사람이 될 수 있을까?

준비 포스트잇, A4, 필기도구, 보드마카 (칠판, 벽 등을 활용해서 활동을 진행한다)

생각 이끌기

책임감 있는 사람이 되기 위해 우리가 할 수 있는 것은 어떤 것들이 있을까요? 7~8개 정도 생각해보고 A4 용지에 적어보세요.

(진행자는 '잘못된 답은 없으며, 최선의 결과를 얻기 위해 모두의 지혜가 필요함'을 강조한다)

의견 모으기

A4 용지에 적은 의견들을 한 가지씩 포스트잇 1장에 정자로 크게 적어 제출하게 한다.

제출한 의견들을 칠판(벽, 전지 등)에 붙이며 함께 읽게 한다. 모호한 의견은 제출한 학생이 설명하게 한다.

의견 분류하기

제출된 의견을 학생들이 주제별로 분류하게 한다. (학생들이 의견을 내면 진행자는 의견에 따라 주제별로 의견들을 분류한다)

이름 짓기

분류된 의견들을 대표할 이름을 짓게 한다. 여러 이름들이 나오면 공감대화의 절차를 따라 가장 적합한 이름을 합의하도록 한다.

마무리

발표한 내용들을 함께 읽게 하고 잘 하고 있는 것과 고쳐야 할 것을 정리해봅시다.

이미지 바꾸기

주제 책임감 있는 사람

책임감 있는 사람이 되기 위한 이미지 바꾸기 활동지

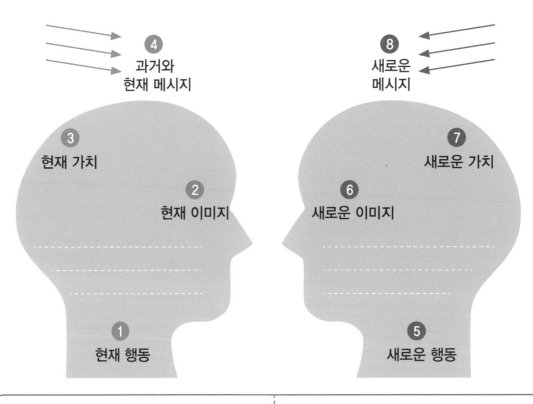

④ 과거와 현재 메시지

③ 현재 가치

② 현재 이미지

① 현재 행동

⑧ 새로운 메시지

⑦ 새로운 가치

⑥ 새로운 이미지

⑤ 새로운 행동

---

❶ 현재 나에게 줄 수 있는 신용 점수를 써보세요.(100점 만점)

❷ 나의 신용에 대한 이미지를 표현해 보세요. (감정 이모티콘이나 문장으로 표현)

❸ 현재 신용 이미지를 형성하고 유지하게 하는 가치와 신념을 적어보세요.

❹ 내 신용 이미지 형성에 영향을 준 사건이나 말은 무엇이 있나요?

❺ 신용점수가 100점으로 변한 나의 모습을 표현해 보세요.

❻ 신용이 좋은 나의 새로운 이미지를 표현해 보세요.(감정 이모티콘이나 문장으로 표현)

❼ 새로운 이미지를 형성하고 유지하기 위한 가치와 신념을 적어보세요.

❽ 이미지 변화에 필요한 메시지나 활동을 적어보세요.

책임감의 화신, 이순신 장군

　이순신 장군은 1593년 웅포해전에서 적선을 퇴치하고 돌아오던 중, 군사들의 방심으로 전선 1척이 전복된 일이 있었습니다. 장군은 곧바로 장계를 올려 조정에 보고하였습니다. 아군의 전선이 손실된 사건은 7년간의 해전을 치르는 동안에도 없었던 일이었습니다. 이순신은 이 일이 부하들의 실수임에도 불구하고, 지휘관으로서 자신의 직무와 그에 따른 책임으로 생각해서 추궁과 처벌을 두려워하지 않고 책임지는 자세를 보여주었던 것입니다.

　이순신 장군은 임진왜란 당시 혁혁한 공을 세웠음에도 선조의 명령을 묵살했다는 누명을 쓰고 조정으로 압송당해 모진 고문를 겪었습니다. 정유재란이 일어나면서 이순신 대신 수군통제사에 임명된 원균이 이끄는 조선 수군이 칠천량 해전에서 전멸하다시피하자 선조는 백의종군 시켰던 이순신을 급히 삼도수군통제사로 복직시켰습니다. 선조는 당시 수군의 상황으로는 바다에서의 전투는 불가능하다고 판단하고 이순신에게 "수군을 폐지하고 육군에 합류하라."라는 명을 내렸으나, 이순신은 "신에게는 아직 12척의 배가 남아있사옵니다."라는 장계를 임금에게 올리고, 병사들에게는 "반드시 죽을 각오를 하면 살고, 살려고 하면 죽는다고 하였다."라고 독려하여 결사 항전을 명했습니다. 1596년 9월 16일, 이순신은 133척의 왜군이　명량해협으로 다가오자 12 함대로 왜군을 공격하여 전멸에 가까운 타격을 입혔고, 정유재란의 전세를 역전시키는 결정적인 계기가 되었습니다. 이순신 장군이 맡은 바 책임을 목숨 걸고 다해 적을 무찌른 명량대첩은 세계 해전 역사상 길이 남을 전투로 평가받습니다.

(출처 http://blog.daum.net)

　이순신 장군은 다시 삼도수군통제사에 임명되는 시기를 전후하여 '송나라의 역사를 읽고'라는 독후감을 《난중일기》에 기록하였습니다. 그 내용은 송나라가 금나라의 침입을 받았을 때 재상 이강(李綱)이 온갖 모략을 견디다 못해 재상 직을 내려놓고 싶다는 내용을 비판한 것입니다. 중책을 맡고 있는 자는 어떤 어려움 속에서도 제 몸을 보호하기 위해 도피하지 말고 책임을 다해야 한다는 것을 분명히 밝힌 것입니다.

　이순신의 책임감은　노량해전에서 적탄에 맞아 운명을 다하 는 순간에서도 찾아볼 수 있습니다. 이순신은 "싸움이 한창 이다. 내가 죽었다는 말을 하지 말라. 군사들의 사기를 떨어뜨 리지 말라."는 유언을 남겨 장수로서의 책임을 다하였던 것이었습니다. 이순신이 보여준 '책임을 완수하는 정신'은 죽음 까지도 초월하여 자신의 임무를 수행함으로써, 우리에게 자신의 소임을 끝까지 책임지는 자세를 가르쳐 준 것이었습니다.

▶ 이순신 장군과 거북선

◉ **사회에서의 나에 대해 생각해 봅시다.**

4. 소통하는 세상

학습 목표

1. 새로운 환경 변화를 이해할 수 있습니다.
2. 민주 시민으로서 해야 할 것과 지켜야 할 것을 알 수 있습니다.
3. 자연환경의 개선을 위해 우리들이 해야 할 일을 알 수 있습니다.
4. 세계와 함께하는 우리의 자세와 역할이 무엇인지 알 수 있습니다.

01 사회환경 변화의 적응

자기 안에 있는 변화에 대한 부정적인 감정을 이해하고 변화를 수용할 수 있는 능력을 배양합니다.

1. 환경 변화 적응의 개념을 이해할 수 있습니다.
2. 변화하는 사회에 효과적으로 대처하는 능력을 키울 수 있습니다.
3. 균형이 있는 사회적응으로 개인과 사회의 성장과 발전에 기여할 수 있습니다.

변화의 적응

미래사회의 특징들을 알아볼까요?

미래사회 특징은 무한경쟁의 심화, 개인화와 다원화의 확산, 가상공간의 가치 증대, 디지털 휴머니즘 기술 발달, 사회적 자본으로써의 신뢰강화 등 입니다. 뉴미디어 시대로 전환하면서 가상공간의 역할이 커지며 지식재산권·저작권 논란이 확대되며, 경쟁이 심화할 것입니다.

직접 민주주의 시대가 전개되면서 개인의 힘이 강화되고 다양한 가족구성 형태가 등장하며, 1인 가구가 증가하는 등 개인화·다원화 경향이 커질 것입니다. 소비 주체도 여성, 노인이 신소비자군으로 집중될 것입니다.

가상공간에서는 소프트 자산과 가상권력의 가치가 커지고 가상현실 커뮤니케이션이 확대되는 등 가상공간의 가치도 증대할 것입니다. 디지털기술에는 휴머니즘을 접목하는 기술을 통해 감성을 소비하거나 오감을 이용한 커뮤니케이션과 실감형 미디어가 활성화될 전망입니다.

이처럼 가상공간의 가치와 힘이 커짐에 따라 새로운 질서가 확립되면서 사회적 신뢰에 대한 가치도 커질 것입니다. 우리나라도 이미 다문화 사회로 진입했습니다.

미래사회는 다문화 사회입니다. 다문화 사회는 다양한 문화와 인종 집단이 공존하는 사회이기 때문에 예전에 볼 수 없었던 문제와 갈등이 생길 수 있습니다. 일반적으로 나타나는 문제는 다수 문화 집단과 소수 문화 집단 간의 대립과 갈등의 표면화입니다. 다수 집단이 다양한 소수 집단에 자신의 문화를 강요하거나 소수 집단 구성원의 인권을 존중하지 않으면 갈등은 더욱 심각해집니다.

외국인들이 국내에 유입됨에 따라 외국인 관련 범죄와 부적응 문제가 발생할 수 있습니다. 이러한 문제에 대처하기 위해서는 의식적, 제도적 차원에서 다문화주의를 정착하기 위한 노력이 필요합니다. 의식적 차원에서는 다양한 문화 집단의 차이를 인정하고 서로의 문화를 이해하는 태도를 정착시켜 나가는 것이 중요합니다.

AI 시대에 감정을 다루는 직업은 더욱 중요해질 것입니다.

AI와 로봇이 많은 산업에서 인간을 대체하게 되겠지만, 무엇보다 사람의 '감정'이 중요한 직업에서는 로봇이 인간을 대신할 수 없을 것입니다. 인간의 얼굴과 목소리로 감정을 인식할 수 있는 소프트웨어가 개발중이긴 하지만 '진정한 공감'은 요원합니다. 다른 사람의 감정을 진정으로 이해하고 소통할 줄 아는 능력은 어디에서도 활용되기에, 그 기술만으로도 인간 고유의 일자리를 지켜낼 수 있습니다.

2016년 세계은행그룹이 연구를 진행한 결과 응답자의 80%가 근로자에게 가장 중요한 자질로 정직성과 팀 내에서 잘 어울려 일할 수 있는 소통하고 공감하는 능력을 꼽았습니다.

누가 내 치즈를 옮겼을까?

항상 변화를 예상하고 신속히 적응해야 합니다.

'스니프', '스컬리'라는 생쥐 두 마리와, '헴'과 '허'라는 이름의 꼬마 인간 두 명은 매일 치즈를 찾아 미로를 열심히 뛰어다닙니다. 그들 넷은 'C'라는 이름의 치즈 창고를 찾게 되었습니다. 그곳엔 평생 먹어도 남을 만한 어마어마한 치즈가 산을 이루고 있었습니다.

꼬마 인간들은 처음 치즈 창고를 찾았을 때와 달리, 시간이 갈수록 느지막이 일어나 어슬렁거리며 창고까지 천천히 걷는 여유도 가지게 되었습니다. 그들은 치즈가 자기들 꺼라 여겼고, 영원히 그곳에 있을 거라 믿었습니다. 반면에, 스니프와 스컬리는 처음과 마찬가지로 날마다 일찌감치 치즈 창고로 달려가 치즈의 상태부터 파악했습니다.

그러던 어느 날, 그 많던 치즈가 사라진 것입니다. 스니프와 스컬리는 새로운 치즈를 찾아 나섰습니다. 그들은 날마다 치즈의 상태와 재고를 파악하고 있었기 때문에 그런 날이 올 것이라는 사실을 알고 있었습니다. 그러나 꼬마 인간들은 그제야 "누가 치즈를 가져갔을까?" 하는 반응이었습니다. 눈앞의 변화에 대해 해결 방법을 찾기보다는, 누군가 치즈를 가져갔는지에 대해 한참이나 고민했습니다. 자신들은 피해자라고 생각했습니다. 치즈를 찾아 바로 나선 생쥐들과 달리, 미로를 찾아 헤매다가 고통을 당하니 차라리 누군가 치즈를 돌려주러 올 때까지 기다리겠다고 말합니다.

스니프와 스컬리는 수많은 시행착오 끝에 N 창고에 이르게 되었고, 거기서 더 많은 종류의 치즈를 발견할 수 있게 되었습니다. 하지만 헴과 허는 아직도 C 창고에서 사태를 자신의 것도 아닌 치즈를 누군가가 훔쳐 갔다고만 생각했습니다.

헴과 허가 새 치즈를 찾았을까요?

허는 새 치즈를 찾아야겠다고 생각했습니다. 헴에게 새로운 치즈를 찾으러 가자고 했습니다. 하지만 헴은 거절했고, C 창고의 안락함에서 빠져나오지 못하자, 허 혼자 새로운 치즈를 찾기 시작했습니다. 허가 떠날 채비를 마치자 허는 힘이 솟았고, 자신의 어리석음을 비웃을 수 있게 되었습니다.

새로운 치즈를 찾는 일은 결코 쉬운 일이 아니었지만 포기하고 싶다는 생각이 들 때마다 허는 새 치즈에 대한 기대를 통해 자신을 격려하고 행동으로 옮겼습니다.

그리고 자신이 가장 행복했을 때를 떠올려 보니 그때는 미로 속에서 헤매며 치즈를 찾아 움직이는 모습이 떠올랐습니다.

그는 새 치즈를 찾는 것이 즐거운 것이지 치즈 자체가 행복의 절대조건은 아니라고 생각했습니다. 그리고 늦었다고 생각했을 때가 가장 이르다는 말처럼 자신의 신념을 위해 달려 나갔습니다.

스니프와 스커리가 있는 N 창고에 이르게 되었습니다.

'변화는 치즈를 계속 옮겨 놓는다. 변화를 예상하고 신속히 적응하라. 두려움을 떨치고 새 치즈를 찾아 떠나라. 사라진 치즈에 대한 미련을 빨리 버릴수록 새 치즈는 더 가까워진다.'

'누가 내 치즈를 옮겼을까?'의 결론입니다.

이야기 감상문

'누가 내 치즈를 옮겼을까?'는 무엇에 관한 이야기인가요?

\
\
\
\

이야기를 읽고 난 후의 느낀 점은 무엇인가요?

\
\
\
\

'스니프'와 '스컬리' 또는 '헴'과 '허'에게 하고 싶은 말을 적어보세요.

\
\
\
\

창의대화(창의대화의 변형)

| 주제 | 나의 걸어온 길, 나의 발자취 |

| 준비 | 보드마카, 포스트잇 |

〈나의 발자취〉

칠판에 선을 아래와 같이 굵게 그립니다.

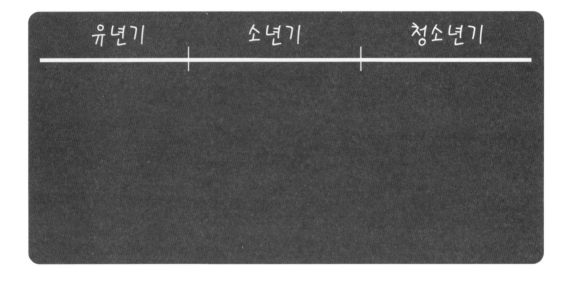

어릴 때부터 현재까지 있었던 생각나는 사건들을 브레인스토밍합니다.

기뻤던 일, 슬펐던 일, 보람찬 일, 즐거운 일, 학교의 큰 행사, 작은 행사 등 기억에 남는 일들을 각자의 포스트잇, 1장에 한 가지씩, 정자로, 크게 적습니다.

긍정적인 일은 위 쪽에, 부정적인 일은 아래 쪽에 구별하여 붙입니다.(학생들의 의견에 따라 진행합니다)

지나온 과거를 볼 때 특별한 의미를 부여할 수 있는 시기는 언제인가요? 질문을 합니다.(공감대화의 반응, 이해 단계의 질문을 활용합니다) 각 시기에 적당한 이름으로 바꿔 붙일 수 있습니다.

(창의대화의 프로세스로 생각 이끌기, 포스트잇에 의견 적기, 해당 시기 아래에 붙이기, 해당 시기에 새 이름짓기. 시간적 여유가 있으면 새 이름으로 문장을 만들어 봅니다)

공감대화

주제 새로운 사회에 잘 적응하려면 어떻게 해야 할까요?

준비 포스트잇, A4, 필기도구, 보드마카 (칠판, 벽 등을 활용해서 활동을 진행한다)

생각 이끌기

지난 시간 나의 발자취를 기억하고 현재에서 앞으로 미래에 잘 적응하기 위한 방법에는 어떤 것들이 있을까요? 7~8개 정도 생각하고 A4 용지에 적어보세요.

(진행자는 '잘못된 답은 없으며, 최선의 결과를 얻기 위해 모두의 지혜가 필요함'을 강조한다)

의견 모으기

A4 용지에 적은 의견들을 한 가지씩 포스트잇 1 장에 정자로 크게 적어 제출하게 한다.

제출한 의견들을 칠판(벽,전지 등)에 붙이며 함께 읽게 한다. 모호한 의견은 제출한 학생이 설명하게 한다.

의견 분류하기

제출된 의견을 학생들이 주제별로 분류하게 한다.(학생들이 의견을 내면 진행자는 의견에 따라 주제별로 의견들을 분류한다)

이름 짓기

분류된 의견들을 대표할 이름을 짓게 한다. 여러 이름들이 나오면 공감대화의 절차를 따라 가장 적합한 이름을 합의하도록 한다.

마무리

발표한 내용들을 함께 읽게 하고 우선순위를 정한다.

이미지 바꾸기

주제 　새로운 환경에 잘 적응하는 나

변화에 적응하기 위한 이미지 바꾸기 활동지

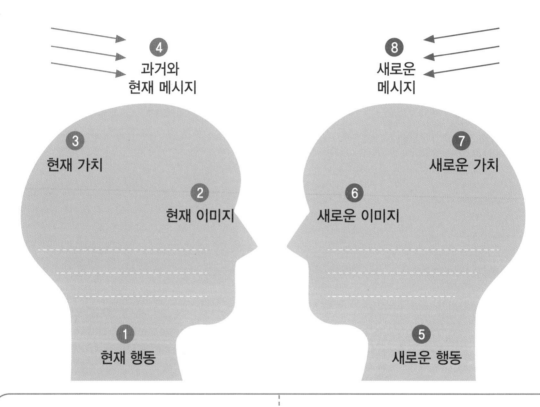

❶ 지금까지 낯선 환경을 맞이했을 때 나의 모습을 적어보세요.

❷ 지금까지 낯선 환경을 맞이했을 때의 나의 이미지를 표현해보세요.(감정 이모티콘이나 문장으로 표현)

❸ 지금까지 낯선 환경을 맞이했을 때의 나의 이미지를 형성하고 유지하게 하는가치와 신념을 적어보세요.

❹ 낯선 환경을 맞이한 과거 경험과 이야기는 무엇인가?(학년 올라갔을 때, 낯선 곳에 갔을 때 등)

❺ 새로운 환경에 잘 적응하는 나의 모습을 표현해보세요.

❻ 새로운 환경에 잘 적응하는 나의 이미지를 표현해보세요.(감정 이모티콘이나 문장으로 표현)

❼ 새로운 환경에 잘 적응하는 나의 이미지를 형성하고 유지하기 위한 가치와 신념을 적어보세요.

❽ 새로운 이미지에 필요한 메시지, 활동을 적어보세요.

불편함을 해결하기 위한 필요가 변화를 만듭니다

세계에서 가장 오래된 그림은 스페인의 알타미라 동굴에 그려진 알타미라 동굴벽화입니다. 그곳에 그려진 그림 중에서도 제일 유명한 그림은 '뿔이 있는 사슴' 그림입니다. 구석기시대 사람들은 무엇을 가지고 이토록 정교한 '뿔이 있는 사슴'을 그렸을까요?

기원전 5000년 메소포타미아 수메르인이 나무나 금속의 끝을 뾰족하게 만들어서 그것으로 석판, 나무 등에 기록을 남겼습니다. 이것이 역사에 기록된 최초의 필기구인 스타일러스(stylus)입니다.

서기 500년에는 새의 깃털을 이용해 만든 깃 펜이 등장했습니다. 유럽에서 시작된 깃 펜은 유럽을 비롯하여 세계적으로 오랫동안 사랑받는 필기구였습니다. 깃 펜은 금속 펜과 연필의 등장으로 사라져 갑니다.

20세기 초에는 필기구가 대중화된 시기였습니다.

만년필은 개인 휴대용 필기구의 신세계를 열었습니다. 학생들은 값이 비싸 사용할 엄두를 내지 못했던 만년필은 혼수품이었으며 특히 금장으로 된 만년필은, 오늘날의 고급 자동차처럼 부귀의 상징이기도 했습니다. 그러나 만년필에도 문제가 있었습니다. 주기적으로 잉크를 공급해주어야 한다는 것이었습니다.

제1차 세계대전 중 헝가리 부다페스트에서 신문기자로 일하던 하데스라오 비로는 만년필의 불편함을 견딜 수 없었습니다. 만년필의 잉크가 말라 취재 내용을 기록하지 못한 경우가 자주 있었기 때문입니다. 그는 잉크를 자주 보충해주지 않아도 되는 필기구를 만들겠다고 결심하게 됩니다.

그가 잉크가 들어 있는 대롱의 끝에 작은 볼(ball)을 달아 만든 필기구를 생각해냈고 화학자 베로니크와 함께 손을 잡고 연구를 해서 발명한 것이 바로 볼펜입니다.

그런 이유로 볼펜이 등장하였기에 가장 먼저 애용한 이들도 기자들이었습니다.

연필, 볼펜 등의 사용이 예전과 같지는 않습니다. 지금은 주로 디지털과 결합한 새로운 필기구들이 등장하고 활용되고 있습니다.

그러나 그것도 완벽하다고 할 수는 없습니다. 앞으로는 어떤 필기구가 만들어질지 궁금합니다.

지금 느끼는 불편함을 해결하기 위할 필요가 새로운 변화를 만듭니다. 가끔은 변화해온 것들의 역사를 들여다보는 것도 흥미 있는 일입니다.

▲ 우리는 끊임없이 불편함을 개선해 나가면서 발전해 갑니다.

성숙한 시민의 자세

자신이 속한 공동체에 참여하여 타인을 위한 봉사와 섬기는 훈련으로 협동하는 마음을 키웁니다.

1. 질서는 왜 필요한 것인지 알 수 있습니다.
2. 성숙한 사람으로서 지켜야 할 것들은 무엇인지 알 수 있습니다.

참고문헌

전병혜(2009), 시민과 주민의식에 기초한 역사적 생활환경의 보전가치 평가, 한양대학교 박사학위논문.
손성일(2016), 해외봉사활동이 세계시민의식 함양 및 사회자본적 축적에 미치는 영향분석, 한양대학교대학원 석사학위논문.

성숙한 민주시민

성숙한 민주시민은 어떤 사람일까요?

성숙한 민주시민이란 민주적 기본가치와 이념을 내면화하고 실행할 수 있는 사람입니다. 구체적으로 자기가 속한 사회에 대한 정보를 많이 갖고 있고, 또한 민주 사회의 과정들에 익숙해 있으면서 민주적 가치와 전통적 가치들을 조화시켜 나갈 수 있는 사람입니다.

성숙한 민주시민은 이러한 지식, 기능, 가치들을 사회적 행동으로 연결하게 할 수 있는 능력을 갖춘 사람입니다.

민주시민의 공통적인 덕목은 인간의 존엄성, 준법정신, 합리적 의사 결정, 사회 참여입니다.

성숙한 민주시민 의식의 구성요소를 알아봅니다.

성숙한 시민의식은 내적으로 자신을 성찰할 수 있으며, 자기가 해야 할 일이 무엇인지를 알고, 자아존중감이 높으며, 자신의 책무에 대해 알고 책임질 수 있는 역량이 있으며, 자유로우나 방종하지 않고, 인성을 갖춘 사람입니다.

성숙한 시민의식은 외적으로 국제사회 일원으로서 문제에 접근하여 조명할 수 있는 능력, 타인과 협력하고 사회적 역할과 의무를 수행할 수 있는 능력, 타문화에 대한 이해와 수용 능력, 비판적 사고 능력, 비폭력적 방식으로 갈등을 해결할 수 있는 능력, 취약계층의 권익을 보호할 줄 아는 능력, 지역과 국가 및 국제적 수준에서 정치에 참여 할 수 있는 능력입니다.

성숙한 민주시민 의식은 세계시민 의식으로 발전해야 합니다.

국가적 차원에서 인식되었던 시민의식에서 세계적 차원으로 발전하는 것입니다. 세계를 하나의 공동체라고 생각하고 현존하는 글로벌 이슈에 관한 관심을 가지며, 세계적 사회문제를 해결하기 위해 노력하는 책임감과 지역 국가와 국제적인 경계를 넘어서 타인과의 차이점을 이해하고 인류애를 가지는 자세를 갖습니다.

이 세계시민 의식은 국가적 정체성을 기초로 지구촌의 경제 사회적 정의와 지속 가능한 개발을 추구하며, 구성원들의 사회 문화적 다양성과 공동체성을 존중하는 성숙한 민주시민으로서의 가치관과 태도입니다.

쓰레기 무단 투기 사례

사람들이 살아가면서 생기는 쓰레기 처리에 대한 문제는 어제오늘의 얘기가 아닙니다. 우리나라도 문제를 해결하고자 1995년부터 쓰레기 배출량에 따른 처리 비용을 차등적으로 부담하게 하는 '쓰레기 종량제' 제도를 실시하고 있습니다. 하지만 20년 이상이 지난 지금에도 쓰레기 무단투기는 해마다 늘어나고 있고 국가 및 지방자치단체 등은 이를 해결하고자 많은 수고를 하고 있습니다.

여의도 한강공원은 매년 여름이면 쓰레기로 몸살을 앓는 곳입니다. 이 곳은 많은 시민들이 열대야를 피하고 여유를 즐기고자 모이는 대표적인 서울의 휴식 장소입니다. 하지만 많은 사람과 상인들이 모이게 되는 만큼 이에 따른 쓰레기 무단투기가 너무 많아 단속이 어려운 곳이기도 합니다. 이에 따라 서울시는 매년 단속반 투입과 청소 인력 보강 및 수거함 확충을 하는 노력을 하고 있습니다.

대전에 있는 국립현충원도 생활쓰레기로 몸살을 앓고 있는 장소입니다. 국가를 위해 헌신한 애국자들이 잠들어 있는 이 곳은 이전에는 조화가 쓰레기의 다수를 차지하였지만 최근에는 음식물 같은 생활쓰레기가 지속해서 늘고 있어 관계자는 환경오염을 우려하고 있습니다. 최근에는 현충원 곳곳에 생활쓰레기 무단 투기 자제를 부탁하는 내용의 현수막이 걸리기도 하였습니다.

주거지역의 무단투기 문제도 다양합니다. 점차 많아지는 1인 세대가 주로 거주하는 원룸가는 거주민들의 잦은 이사와 쓰레기 분리배출에 대한 인식 부족 등으로 인해 무단투기가 많이 발생하곤 합니다. 종로 북촌 한옥마을의 경우도 다르지 않습니다.

이 곳은 주거지역이면서도 주말이면 많은 관광객이 몰리는 지역입니다. 관광객들로 인한 주민들의 생활을 위협할 정도의 여러 문제 중에 쓰레기 무단투기 역시 자리잡고 있습니다.

▲ 주거지역의 쓰레기 무단투기에 대한 인식이 아직도 부족합니다.

모세의 기적

현대판 '모세의 기적'이라는 것이 있습니다.

구급차나 소방차가 조금이라도 더 빨리 목적지에 다다를 수 있도록 도로에서 일반 차량 운전자들이 길을 터주는 모습이 바로 그것입니다. 꽉 막혔던 도로가 순식간에 뚫리는 모습이 마치 홍해를 가른 성경 속 모세의 기적과 비슷하다고 해서 붙여진 이름입니다.

다음은 어느 신문에 난 기사 내용입니다.

지난 주말 서울에서 '모세의 기적'이 벌어졌습니다. 지난 주말 꽉 막힌 도로에서 차량들이 순찰차에 길을 양보해준 덕분에 한 아이의 소중한 생명을 구할 수 있었습니다. 대략적인 사연은 다음과 같습니다.

11일 오후 경찰은 35살 나 모 씨로부터 신고 전화를 받았습니다. '생후 5일 된 아들이 한 시간 안에 엄마의 혈소판을 수혈 받아야 살 수 있다'는 전화였습니다. 하지만 나 씨의 부인은 강서구의 산부인과에 있었고, 아이는 신촌 대학병원에 있는 상황이었습니다. 게다가 나들이 차량이 많은 주말 오후였습니다. 1분 1초가 급했던 당시, '모세의 기적'이 도로에서 펼쳐졌습니다.

사이렌을 울리자 시민들이 양보를 하기 시작했고, 덕분에 순찰차는 신촌 병원까지 40분 만에 도착할 수 있었던 것입니다. 시민들의 양보로 다행히 아이는 1시간 안에 수혈을 받을 수 있었습니다. 하지만 아이는 아직 불안한 상태라 생후 7일째까지 수술이 계속됐다고 합니다. '모세의 기적'은 이번이 처음은 아닙니다. 모세의 기적은 전국 각지에서 일어나고 있습니다.

깨어있는 민주 시민의식을 보는 것같아 기분좋은 일입니다.

▲ 퇴근 길에 열린 모세의 기적은 발전된 민주 시민의식입니다.

공감대화

주제 나를 지켜라

준비 '2000 질서는 당신의 얼굴입니다' 공익광고 동영상(유튜브)

〈동영상을 보고 공감대화를 해 봅시다〉

"부끄러우세요?

질서는 바로 당신의 얼굴입니다."

– 담배꽁초를 길거리에 함부로 버립니다.

– 버스를 타는데 새치기를 합니다.

– 신호등을 지키지 않습니다.

관찰 – 내용확인

동영상의 내용은 무엇인가요?

어떤 사람들이 등장하는가요?

등장인물이 나오는 배경은 어떤 곳인가요?

반응

동영상을 본 반응은 무엇인가요?

무엇이 화(웃음, 짜증, 불쾌 등)를 나게 하는가요?

이런 일들을 볼 때 어떤 경험이 떠오르는가요?

자기가 경험한 이와 비슷한 사건들에는 어떤 것이 있는가요?

이해

동영상이 주는 교훈은 무엇입니까?

질서를 지키지 않으면 어떤 일이 일어나는가요?

질서를 지키지 않는 이유는 무엇일까요?

질서를 지키지 않는 친구가 있다면 어떻게 해야 할까요?

결심

이 활동을 통한 나의 결심은 무엇인가요?

창의대화

주제 민주 시민으로서 어떻게 하는 것이 공공질서를 잘 지키는 것일까요?

준비 포스트잇, A4, 필기도구, 보드마카(칠판, 벽 등을 활용해서 활동을 진행한다)

생각 이끌기

민주 시민으로서 질서를 잘 지키는 것에는 어떤 것들이 있을까요? 7~8개 정도 생각하고 A4 용지에 적어보세요.

(진행자는 '잘못된 답은 없으며, 최선의 결과를 얻기 위해 모두의 지혜가 필요함'을 강조한다)

의견 모으기

A4 용지에 적은 의견들을 포스트잇 1장에 한 의견씩을 정자로 크게 적어 제출하게 한다.

제출한 의견들을 칠판(벽, 바닥, 전지 등)에 붙이며 함께 읽게 한다. 모호한 의견은 제출한 학생이 설명하게 한다.

의견 분류하기

제출된 의견을 학생들이 주제별로 분류하게 한다.(학생들이 의견을 내면 진행자는 의견에 따라 주제별로 의견들을 분류한다)

이름 짓기

분류된 의견들을 대표할 이름을 짓게 한다. 여러 이름들이 나오면 공감대화의 절차를 따라 가장 적합한 이름을 합의하도록 한다.

마무리

발표한 내용들을 함께 읽게 하고 표어를 만들어 본다.

이미지 바꾸기

주제 공공질서를 잘 지키는 민주 시민

공공질서를 잘 지키는 시민이 되기 위한 이미지 바꾸기 활동지

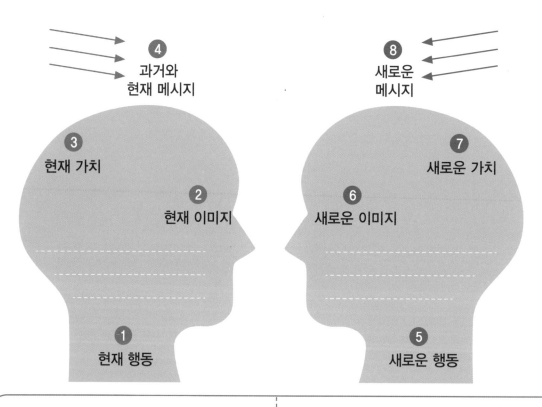

④ 과거와 현재 메시지

③ 현재 가치

② 현재 이미지

① 현재 행동

⑧ 새로운 메시지

⑦ 새로운 가치

⑥ 새로운 이미지

⑤ 새로운 행동

---

❶ 공공질서에 대하는 나의 모습을 적어보세요.

❷ 지금 공공질서에 대한 나의 이미지를 표현해 보세요.(감정 이모티콘이나 문장으로 표현)

❸ 공공질서에 대한 나의 지금 이미지를 형성하고 유지하기 위한 가치와 신념을 적어보세요.

❹ 지금 공공질서를 대한 이미지를 만들게 한 지난날 공공질서에 대한 나의 경험과 정보를 적어보세요.

❺ 민주 시민의 모습을 적어보세요.

❻ 공공질서를 잘 지키는 나의 새로운 이미지를 표현해보세요.(감정 이모티콘이나 문장으로 표현)

❼ 공공질서에 대한 새로운 이미지를 형성하고 유지하기 위한 가치와 신념을 적어보세요.

❽ 이미지 변화에 필요한 새로운 메시지, 활동을 우선순위로 적어보세요.

21세기의 자산은 인성이다

많은 사람이 인격이 자산이라는 데 동의하고 있습니다. 셰익스피어와 더불어 영국의 자랑으로 여기는 사무엘 스마일즈는 "인격은 가장 고상한 재산이라"라고 했고, 존 맥케인은 "인격이 운명 이다."라고 했으며, 맥스웰은 "리더의 가장 중요한 자산은 인격이다."라고 했습니다.

우리의 주요 자산인 인격 즉 인성의 구성 요소에 대해 살펴보겠습니다.

사무엘 스마일즈는 그의 명저 「인격론」에서 "인격은 가장 고상한 재산이다. 성실, 감동, 지혜, 원칙, 칭찬, 예의, 근면, 선량, 도덕 등에 투자하는 사람은 존경과 명성이라는 보수를 틀림없이 받게 될 것"이라고 했습니다.

긍정심리 자본에 대해 처음으로 언급한 마틴 셀리그만은 우리 인간의 자본으로 창의성, 호기심, 개방성, 학구열, 통찰, 용기, 인내, 진정성, 활력, 사랑, 친절, 사회성, 시민의식, 공정함, 지도력, 용서, 자비, 겸손, 신중함, 자기조절, 심미안, 감사, 희망, 유머, 영성, 자신감, 낙천성, 탄력성, 관계, 경험, 기술, 지식, 아이디어, 교육, 재정 등을 말합니다. 마틴 셀리그만은 인성을 성격적 특성과 더불어 재능까지 확대하 고 있습니다. 사도 바울은 인격의 최고치로 신성한 열매인 사랑, 희락, 화평, 오래 참음, 자비, 양선, 충성, 온유, 절제를 들고 있으며, 모든 사람에게는 신께서 주신 천부적 재능이 있는데 언어력, 문장력, 예술적 재능, 손재주, 치유능력, 지혜, 지식, 상담, 농업, 상업 등 수없이 다양한 재능이 있고, 그것을 잘 개발해서 사용하는 것이 하나님의 뜻이라고 했습니다.

결론적으로 인성이 재산이라고 하는 것은 성품으로서의 인성을 개발하고, 성능, 즉 재능으로서의 인성을 개발하여 성품과 성능이 조화로운 인간이 되라는 것입니다. 따라서 인성교육, 인성개발, 인성진흥은 인성의 다양한 구성 요소들과 재능의 다양한 구성요소들을 전체적으로, 혹은 요소별로 교육, 개발, 진흥시키려는 모든 활동을 포괄하는 것이라고 하겠습니다.

인류 역사가 성인으로 추앙하는 예수, 석가모니, 소크라테스, 공자 같은 분들은 인간성도 탁월하고 능력도 뛰어난 통합된 인성을 갖춘 분들입니다. 인격과 재능의 통합된 인성이 절실한 시대입니다. 과학기술이 발달할수록 그것을 다루는 인성도 더불어 발달하여야 하는데, 그렇지 못해서 심각한 사회문제가 야기되는 현실을 우리는 이미 수없이 목격해오고 있습니다.

21세기 인성교육의 방향은 성격과 성능이 조화를 이루는 온전한 인간을 육성하는 것입니다.

▶ 미래에는 인성이 자산입니다.

자연환경변화에 대한 우리의 책임

환경에 대한 인식과 연결성에 대해 알아보고 환경과 인간의 관계성을 익힙니다.

1. 환경오염의 위험성을 인식할 수 있습니다.
2. 자연환경의 중요성을 알 수 있습니다.
3. 환경문제의 해결방안을 찾을 수 있습니다.
4. 올바른 자연환경의식을 키울 수 있습니다.

참고문헌

홍태식(2006), 환경보전을 위한 자연환경 복원전문업 도입, 단국대학교 박사학위논문.

자연환경변화

자연환경이란 무엇입니까?

자연환경은 인간의 간섭을 배제한 자연 스스로의 환경적 요소입니다. 환경정책기본법 제3조에서는 환경을 자연의 상태인 자연환경과 사람의 일상생활에 관계되는 생활환경으로 규정함으로써 자연환경과 생활환경을 구분하고 있습니다. 한마디로 환경은 우주를 형성하는 모든 것들을 말합니다. 인간이 호흡하는 공기, 마시는 물, 먹을 것을 얻는 땅과 우리가 생활하고 즐기는 대상인 산, 강, 바다, 호수, 나무, 꽃, 바위 등이 있습니다. 그리고 생활하는 주거 공간, 도시, 교통수단 등 자연환경에 설치된 다양한 모든 것들이 생활환경입니다.

자연환경이 파괴되고 있습니다.

지구환경이 오염되고 파괴되기 시작한 것은 인류가 이 지구상에 출현하면서부터 시작되었습니다. 다른 동물들은 자연환경이 제공하는 조건에서 한 발자국도 벗어나지 못하는 데 비해, 인간은 자연환경을 이용하여 현재의 물질문명을 구축해 왔습니다. 이러한 발전과정에서 자연자원의 이용과 경제규모의 확대, 산업구조의 고도화가 이루어졌습니다. 따라서 생산자는 산업 활동을 통해 상품을 공급하고, 소비자는 이를 구매하여 소비생활을 하면서 폐기물의 발생과 심각한 환경오염을 초래했습니다.

환경을 보호해야 합니다.

우리는 모든 자원을 자연에서 얻습니다. 우리는 이 아름답고 풍요로운 자연환경을 수없이 훼손시키고 있습니다. 자연환경을 보호하여야만 지금 우리가 자원을 자연에게서 얻고 자원으로 우리의 생활을 편리하게 할 수 있습니다. 우리가 편하고 우리가 이 지구에서 숨쉬고 살 수 있으려면 자연을 지켜야 합니다. 또 좋은 자연환경은 후손들에게 물려줘야 합니다.

환경보호를 실천하는 것이 중요합니다.

자원을 아끼고 재활용하는 것은 어렵게만 여길 것이 아닙니다. 생활 습관을 조금만 바꾸어도 환경을 보호할 수 있습니다. 에너지와 물 소비를 줄이고, 식습관과 교통수단 이용습관을 바꿔 천연자원을 아낍니다. 자기 전에 TV 끄기', '안 쓰는 가전제품 플러그 뽑기', '쓰레기 분리수거 하기', 누구나 어렵지 않게 할 수 있는 일들입니다. 세상 모든 사람이 이런 작은 일부터 실천한다면 환경 보호에 큰 도움이 될 것입니다.

은수의 공책

"은수야! 아침 뉴스를 보니 미세먼지가 심하다고 하니 이 마스크를 쓰고 가거라."

학교 가는 은수를 불러 세운 은수 엄마는 하얀 마스크를 건네줍니다.

"싫어! 답답하단 말이야."

"쓰고 가라면 쓰고 가!"

엄마의 성화에 은수는 억지로 마스크를 쓰고 집을 나섭니다. 은수는 요즘 들어 부쩍 마스크를 쓰고 학교에 가야 하는 일이 많아지면서 마스크를 쓸 때마다 짜증이 났습니다.

"은수야. 같이 가자!"

은수의 이름을 부르는 소리가 조그맣게 들려왔습니다. 자기를 부르는 소리를 겨우 알아채고 뒤를 돌아보니 같은 반 친구 지호가 따라서 오고 있었습니다.

"어! 너도 마스크를 했네."

"엄마가 미세먼지 심하다고 해서."

"미세먼지 때문에 난리가 났네."

은수와 지호는 미세먼지 때문에 불편해진 등교 길에 관해 이야기를 나눴습니다.

첫 수업 시간을 알리는 벨이 울리고 선생님이 들어 왔습니다. 과학 시간이었습니다.

아침부터 궁금했던 은수는 미세먼지에 대해 질문을 하기로 마음먹었습니다.

"선생님! 질문 있습니다. 미세먼지는 왜 발생하는 거지요?"

갑작스러운 은수의 질문에 잠시 생각을 정리하시던 선생님은 대답해 주었습니다.

"미세먼지는 자연적 발생원인 것으로 흙먼지, 바닷물에서 생기는 소금, 식물의 꽃가루 등이 있고, 인위적 발생원인 것으로 보일러나 발전시설 등에서 석탄, 석유 등 화석연료를 태울 때 생기는 매연, 자동차 배기가스, 건설 현장 등에서 발생하는 날림먼지, 공장 내 분말 형태의 원자재, 부자재 취급공정에서의 가루 성분, 소각장 연기 등이 있을 수 있지. 그 외의 원인에 대해 연구를 많이 하고 있기도 해."

"미세먼지가 우리 몸에 어떤 영향을 어떻게 미치나요?"

은수의 질문이 재미있다는 듯이 선생님은 미소를 지어주시며 대답을 해 주었습니다.

"그렇지 않아도 미세먼지에 대해 한번 공부를 해 보려고 했는데 잘됐구나! 오늘 수업은 미세먼지에 관해 설명해 주마." 하고 시작한 선생님의 말씀을 온수는 공책에 열심히 쓰기 시작했습니다.

서울시 미세먼지 농도가 중국의 북경보다 낮고 일본의 동경보다는 1.6~2.1배 정도의 수준이라는 선생님의 말씀을 들은 온수는 자신이 미세 먼지를 정리한 공책을 다시 한번 읽어보면서 혼잣말로 이렇게 중얼거렸습니다.

"우리가 왜 이런 미세 먼지를 마셔야 하지? 우리가 미세 먼지를 생기지 않게 하면 안마실 수도 있지 않나?"

그리고 온수는 환경에 대해 한 번 더 생각해보게 되었습니다.

이야기 감상문

'은수의 공책'은 무엇에 관한 이야기인가요?

_____

_____

_____

_____

이야기를 읽고 난 후의 느낀 점은 무엇인가요?

_____

_____

_____

_____

'미세먼지'에 대해 하고 싶은 말을 적어보세요.

_____

_____

_____

_____

공감대화

주제	자연환경 변화에 대한 우리의 책임

준비	'플라스틱'의 역습 동영상

〈줄거리〉

최근 우리에게 큰 근심거리로 등장한 '미세 플라스틱'에 대한 이야기입니다.

'죽음의 알갱이'로 불리는 미세 플라스틱은 크기가 5mm 이하로 치약과 화장품, 세정제, 연마제 등에 들어갑니다. 150mL 제품에 약 280만 개의 플라스틱 알갱이가 들어있습니다.

특히 1mm 이하 크기의 미세 플라스틱인 '마이크로비드'(microbead)의 폐해는 더욱 심각합니다.

바다로 유입돼 해양 생물의 먹이가 되고 다시 인간에게 되돌아오는 환경재앙을 부르는 것입니다.

(참고: '플라스틱의 역습' 동영상의 내용 중)

관찰 - 내용 확인

동영상의 내용은 무엇입니까?

어떤 생물들이 나오는가요? 생물들의 상태는 어떤가요?

반응

우리의 반응은 무엇입니까? 어떤 기분이 드나요?

동영상의 내용과 연관이 있는 것(사건)에는 어떤 것이 있나요?

이해

동영상이 주는 교훈은 무엇입니까?

지금처럼 플라스틱을 계속 사용하면 나에게, 그리고 나의 가족, 친구들에게 어떤 영향을 줄까요?

플라스틱 외에 자연을 아프게 하는 것에는 무엇이 있나요?

최근 지구에서 일어난 자연을 해치는 사건들에는 어떤 것들이 있나요?

결심

이 활동을 통한 나의 새로운 결심은 무엇인가요?

창의대화

주제 자연환경을 잘 보전하기 위해 우리가 할 수 있는 것들은 무엇인가요?

준비 포스트잇, A4, 필기도구, 보드마카(칠판, 벽 등을 활용해서 활동을 진행한다)

생각 이끌기

자연환경을 보호하기 위해 우리가 할 수 방법에는 어떤 것들이 있을까요? 10개 정도 생각하고 A4 용지에 적어보세요.(진행자는 '잘못된 답은 없으며, 최선의 결과를 얻기 위해 모두의 지혜가 필요함'을 강조한다)

의견 모으기

A4 용지에 적은 의견들을 한 가지씩 포스트잇 1장에 정자로 크게 적어 제출하게 한다.

제출한 의견들을 칠판(벽, 바닥, 전지 등)에 붙이며 함께 읽게 한다. 모호한 의견은 제출한 학생이 설명하게 한다.

의견 분류하기

제출된 의견을 학생들이 주제별로 분류하게 한다.(학생들이 의견을 내면 진행자는 의견에 따라 주제별로 의견들을 분류한다)

이름 짓기

분류된 의견들을 대표할 이름을 짓게 한다. 여러 이름들이 나오면 공감대화의 절차를 따라 가장 적합한 이름을 합의하도록 한다.

마무리

발표한 내용들을 함께 읽게 한다.

시간적 여유가 있으면 자연환경 보호를 위한 표어를 만든다.

이미지 바꾸기

주제 자연아, 내가 보호해 줄께!

자연보호 위한 이미지 활동지

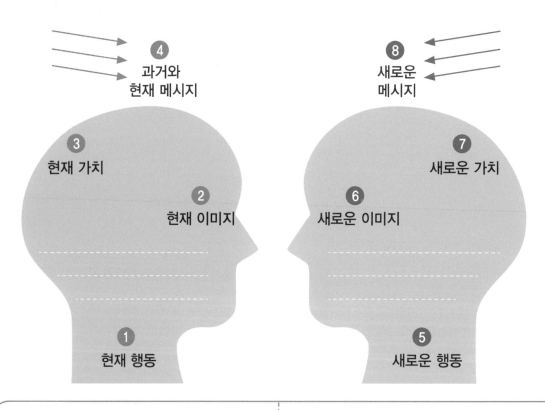

④ 과거와 현재 메시지

⑧ 새로운 메시지

③ 현재 가치

⑦ 새로운 가치

② 현재 이미지

⑥ 새로운 이미지

① 현재 행동

⑤ 새로운 행동

❶ 현재 훼손된 자연의 모습을 적어보세요.

❷ 훼손된 자연에 대한 이미지를 표현해보세요.(감정 이모티콘이나 문장으로 표현)

❸ 자연 훼손을 가능하게 하는 가치와 신념을 적어보세요.

❹ 자연을 훼손하는 것들을 적어보세요.

❺ 회복된 자연의 모습을 적어보세요.

❻ 회복된 자연의 이미지를 표현해보세요.(전체가 참여하여 그림으로 표현)

❼ 자연에 대한 새로운 이미지를 형성하고 유지하기 위한 가치와 신념을 적어보세요.

❽ 자연보호를 위한 이미지 변화에 필요한 메세지, 활동을 적어보세요.

건축물들을 보는 것도 쉼표찍기의 하나

일제 강점기 36년과 한국전쟁을 거치면서 우리는 상처받은 빈 터전에 집을 짓고 학교와 병원을 만들며 다리와 도로를 놓았습니다. 세계인이 놀라는 경제성장을 이루면서 우리 주변에 멋진 건축물들도 세워졌습니다. 주변에 세워진 디자인이 훌륭한 근현대 건축물들을 보면서, 그곳에 담긴 역사적 의미를 음미해 보는 것은 쉼표 찍기의 하나입니다. 인간성 회복에는 쉼표 찍기가 필요합니다. 인간성을 회복하는 것이 좋은 인성을 가지는 방법입니다.

선유도공원

선유도공원은 환경 재생 생태공원이자 물공원입니다. 선유도공원은 옛 정수장의 건물과 구조물을 그대로 재활용하여 만든 생태공원으로, 앞으로 진행될 도심 속 재개발에 대한 새로운 대안을 제시하고 있습니다.

독립문

독립문은 민족자주의지의 표현입니다. 건축 양식은 프랑스 파리의 개선문의 모습을 하고 있습니다. 서재필은 독립문을 설계하면서 외세로부터 독립하고, 외세의 어떠한 간섭도 받지 않겠다는 민족자주의지를 담았습니다.

탑골공원

탑골공원은 우리나라 최초의 도시공원으로, 그 안에는 다양한 시대상이 공존하고 있습니다. 고려시대부터 대한제국, 근대까지의 다양한 건축물들이 있으며, 독립운동의 성지로, 도심 속 대중의 휴식과 소통 공간으로 발전해온 도시공원입니다.

서울역사

서울역사는 르네상스풍의 절충양식의 건물입니다. 시민들의 다양한 삶의 흔적이 묻어있는 서울의 근현대 시공간을 압축한 상징적인 공간이며, 그 곳에 대한 대중들의 기억은 서울역사의 존재가치에 큰 의미를 부여하고 있습니다.

명동성당

명동성당은 우리나라 성당건축양식의 모델이자 한국의 대표 고딕양식의 건물입니다. 20세기 한국 현대사에서 민주화운동과 깊은 관련이 있는 곳이기도 합니다.

88 서울올림픽 메인스타디움

88서울올림픽 메인스타디움은 심리적 안정감을 주는 공간 개념과 하늘과 인간의 교감과 소통의 의미를 담은 현대적 조형 건축물입니다.

세상과의 소통

세상을 이해하고 세상의 변화를 창조하고 적응하는 능력을 키웁니다.

1. 자신이 살고있는 세상과 이웃을 더 잘 이해할 수 있습니다.
2. 더불어 행복하게 살 수 있는 길을 알게 합니다.
3. 내가 참여함으로써 이루어지는 긍정적인 사회현상을 알 수 있습니다.
4. 참여의식을 키울 수 있습니다.

참고문헌

이영우(2014), 지역사회와의 소통을 위한 디아코니아적 접근 방법에 관한 연구, 장로회신학대학원 박사학위논문.

책임있는 행동

소통의 시대

우리 인체의 실핏줄이 10만Km에 달한다고 합니다. 한 개라도 막히면 병이 나거나, 살 수 없습니다. 소통의 시대입니다. 서로 소통하지 않으면 살 수 없습니다. 어디서나 세상 모든 사람들과 쉽게 소통할 수 있는 사람이 대접받는 시대입니다. 소통의 영향으로 많은 사람들은 트위터, 페이스북, 블로그 같은 소셜네트워크 서비스를 아주 중요하게 사용하고 있습니다. 소셜미디어와 모바일을 비롯한 유무선 인터넷의 발전으로 블로그, 트위터, 페이스북, 카카오스토리, 줌 등 소통의 도구가 넘쳐나고, 소통을 강화하기 위한 다양한 콘텐츠가 생겨나고 있습니다. 소통을 하는 데에서 가장 필요한 자세는 경청입니다. 상대방의 말을 끝까지 들어야 무슨 말을 하는지 오해 없이 알 수 있고, 상대방의 말을 자르고 개입하지 않아야 좀 더 편하게 이야기를 나눌 수 있습니다.

그런데 SNS 매체로 소통하는 데에 익숙한 세대는 툭툭 말을 자를 때가 많은 것 같습니다. 소통을 잘하기 위한 몇 가지 기준을 알아보겠습니다.

1. 서로 생각이 다르다는 것을 인정하라.
2. 편견과 선입견을 버려라.
3. 상대방의 이야기를 잘 들어라.
4. 공감해서 들어라.
5. 메모해서 들어라.
6. 상대방의 이야기를 중간에 끊지 마라.
7. 나의 견해는 제일 마지막에 말하라.

세상과 소통하려면

호주의 트리샤 맥카라는 분은 동물과 대화를 나누는 것으로 공인을 받았다고 합니다. 그녀의 말을 빌자면 "인간은 원래 텔레파시 능력을 태어날 때부터 가지고 있다."라고 합니다. 『물은 답을 알고 있다』는 책에서는 물이나 식물 또한 인간의 마음을 그대로 전달받고 영향을 받는다는 기록과 과학적인 증명을 하고 있습니다. 이처럼 사람들은 본래부터 사람들 서로 간은 물론이고, 동식물이나 자연의 무생물과도 공감과 대화를 나눌 수 있었다고 합니다.

우리가 사랑하고, 존중하는 마음으로 자연에 집중하고, 세상을 관찰하면 자연은 물론 세상과 소통할 수 있을 것입니다.

'아시아의 슈바이처'

한국인으로 유엔 전문기구인 WHO의 사무총장이 되었던 분이 있습니다.

전 세계 사람들로부터 '백신의 황제'라 불리며 존경과 사랑을 한 몸에 받았던 '아시아의 슈바이처', 이종욱 박사입니다.

이종욱 박사가 192개 회원국으로부터 최종 인준을 받은 후 사무총장으로 취임했을 당시에 WHO의 현안 과제가 무엇이냐고 묻는 기자들의 질문에 이 총장은 이렇게 말했습니다.

"빈곤층에게 평등한 치료의 기회를 제공하는 것이 급선무"라고 평등 치료를 강조합니다. 힘없는 국가도 평등한 의료 혜택이 있어야 한다고 말했습니다.

이종욱 사무총장은 자신이 가장 중요하게 생각하는 덕목으로 경청(listening)과 행동(action)을 말합니다. 그것을 실천하기 위해서 '각국의 보건 당국자와 정책전문가는 물론 가난한 이들을 대표하는 지역기관의 목소리에도 귀를 기울일 것'이라고 말하며 항상 함께 하는 세계 보건정책을 세워나갔습니다.

그는 평생 보건 평등에 대한 꿈을 위해 단순한 외침으로만 그치지 않고 늘 다른 이의 의견을 듣고 행동으로 움직였던 것입니다.

또한, 소아마비 없는 세상을 만들기 위해서 쉬지 않고 일했습니다.

소아마비의 완전 박멸을 위한 그의 남다른 열정은 인도·나이지리아·파키스탄·이집트 등을 다니며 1억7,500만 명의 어린이들에게 무료 접종을 해주는 성과를 올렸습니다.

"소아마비가 이 땅에서 완전히 사라지는 것을 직접 보고 싶습니다. 거의 모든 나라에서 이 질병이 근절됐지만, 이제 다시 한번 노력을 기울여 전 세계 어느 곳에서도 발을 붙이지 못하도록 전멸시켜야 합니다."라고 그는 말했습니다.

그는 항상 WHO 활동의 3대 원칙으로, "올바른 장소에서, 올바르게, 올바른 일을 해야 합니다."라고 강조했으며 차기 유엔 사무총장으로도 가장 유력했습니다.

그러나 그는 업무 중 너무 과로한 탓에 뇌졸중으로 허무하게 쓰러집니다. 그의 죽음은 우리나라뿐만 아니라 지구촌의 큰 슬픔이며 손실이었습니다.

더욱이 코로나 19가 세계를 뒤덮고 있는 시기에는 그의 인류를 위한 헌신적인 삶이 자꾸 생각납니다.

'아시아 슈바이처'의 부인은 천사

50년 전을 회고하던 가부라키 레이코 여사는 말했습니다.

"처음에는 수녀가 되고 싶었습니다. 그래서 스물일곱 살에 한센병(나병) 환자들이 모여 사는 경기 안양 나자로 마을로 들어갔습니다. 그곳이 저를 필요로 하는 곳이라 생각했습니다."

가부라키 레이코 여사는 1972년 일본에서 한국으로 건너와 20살 나이에 나자로 마을에서 봉사를 시작했습니다. 그곳에서 봉사 하던 중에 서울대 의대를 졸업하고 의료봉사를 왔던 동갑내기 청년에게서 청혼을 받습니다. 그러나 그녀는 "제가 몸이 자주 아픕니다. 저는 늘 한센병 환자들과 부대끼며 살았어요. 당신까지 불행해지면 어쩌나 불안합니다."라고 말하며 그녀는 청혼을 거절했습니다. 그래도 청년은 물러서지 않았습니다. 끝내 부부가 되어서 두 사람은 함께 세계인들을 위한 봉사의 삶을 시작했습니다.

그 청년이 바로 '아시아의 슈바이처'와 '백신의 황제'로 불리던 이종욱 박사입니다.

가부라키 레이코 여사는 이종욱 박사가 뇌졸중으로 쓰러진 후에는 남미의 벽촌으로 갑니다. 페루 수도 리마 북쪽의 가난한 마을 카라바이유, 인구가 2,000명 남짓 되는 이 빈민촌에서 현지 여성들의 자립을 돕기 위해 작은 손뜨개 공방을 운영하면서 15명의 마을 여성에게 뜨개질하는 법을 가르쳐 알파카 털로 목도리와 스웨터, 모자 등을 뜨면 그걸 외국에 팔아서 수익금을 나눠주고 있습니다. 마을 사람들은 그녀를 하늘이 보내준 천사라고 부릅니다.

아시아의 슈바이처라고 불리었던 남편과 천사인 부인의 이야기는 들을 때마다 마음 가득히 감동으로 다가옵니다.

◀ 이종욱 사무총장은 생전 "감염병 팬데믹으로 인한 사회적, 경제적 파멸을 막기 위해 대비 계획을 수립해야 한다."라며 인류를 향해 경고의 메시지를 던졌습니다.

공감대화

주제 세계를 향한 우리의 역할

준비 반크의 꿈 동영상(6분 22초, 유튜브)

⟨줄거리⟩

인터넷 청년단체 반크(VANK)는 동해 표기, 고구려 역사 등 한국을 세계에 바로 알리고 있다. 한 청년이 외국인 친구와 주고 받은 편지에서 시작된 반크, 외국친구는 한국에 대해 전혀 아는 것이 없었고 새로운 한국에 대해 알고 싶어했다.

한국을 알린다는 것에 청년은 기쁨을 느꼈지만, 세계인들이 한국에 대해 잘못 알고 있는 것도 있다는 사실에 화가 났다.

반크는 전 세계 70억 인류에게 대한민국을 바로 알리고 지구촌을 변화시키고 싶다. 그리고 그 속에서 한국 청년 개개인이 자신의 꿈과 가치를 찾기를 희망한다.

이제 지구 반대 편 나라의 친구들이 한국에 대해 궁금해 하며 김치도 모르던 친구가 한국을 알기 위해 한국어 사전을 산다. 외교관을 꿈꾸는 외국인 친구가 한국에 파견근무를 오고 싶어 한다.

대한민국은 전 세계 수많은 외국인들이 사랑하는 '친구의 나라'가 되었다. 겨자씨는 어떤 씨보다도 작은 것이지만 자라면 큰 나무가 되어 공중의 새들이 와서 그 가지에 깃든다.

– 반크의 꿈 –

관찰 – 동영상 시청

동영상의 내용에 대해 말해봅시다.

반크에 대해 더 알고 있는 것은 무엇인가요?

반응

동영상에 대한 여러분의 반응은 무엇입니까?

동영상 볼 때 떠오르는 경험은 무엇입니까?

이해

동영상이 우리에게 주는 깨달음은 무엇인가요?

이런 활동이 미치는 영향은 무엇인가요?

이런 활동을 해야 하는 이유는 무엇인가요?

한국을 세계에 알리는 활동에는 어떤 것들이 있는가요?

결심

나는 이제 어떤 결심을 해야 할까요?

창의대화

주제   어떻게 세상과 소통할 수 있을까요?

준비   포스트잇, A4, 필기도구, 보드마카(칠판, 벽 등을 활용해서 활동을 진행한다)

생각 이끌기

세상과 잘 소통하는 사람이 되기 위해 우리가 할 수 있는 것은 어떤 것들이 있을까요? 생각해보고 A4 용지에 7~8개 정도 적어주세요.

(진행자는 '잘못된 답은 없으며 최선의 결과를 얻기 위해 모두의 지혜가 필요함'을 강조한다)

의견 모으기

A4 용지에 적은 의견들을 포스트잇 1장에 한 의견을 정자로 크게 적어 제출하게 한다.

제출한 의견들을 칠판(벽, 전지 등)에 붙이며 함께 읽게 한다. 모호한 의견은 제출한 학생이 설명하게 한다.

의견 분류하기

제출된 의견을 학생들이 주제별로 분류하게 한다.(학생들이 의견을 내면 진행자는 의견에 따라 주제별로 의견들을 분류한다)

이름 짓기

분류된 의견들을 대표할 이름을 짓게 한다. 여러 이름들이 나오면 공감대화의 절차를 따라 가장 적합한 이름을 합의하도록 한다.

마무리

발표한 내용들을 함께 읽게 하고 실천을 위해 우선순위를 정한다.

이미지 바꾸기

주제   대한민국을 온 세상에 알리자.

한국을 알리는 사람들이 되기 위한 이미지 바꾸기 활동지

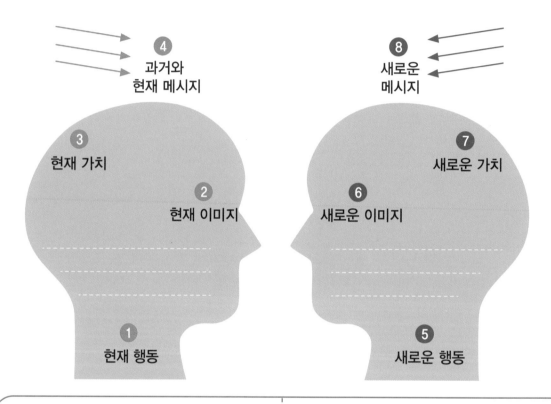

❹ 과거와 현재 메시지

❽ 새로운 메시지

❸ 현재 가치

❼ 새로운 가치

❷ 현재 이미지

❻ 새로운 이미지

❶ 현재 행동

❺ 새로운 행동

❶ 현재 세계 속의 대한민국은 어떤 나라인지 적어보세요.

❷ 세계 속의 대한민국 이미지를 표현해보세요.(그림과 문장으로 표현)

❸ 대한민국 이미지를 형성하고 유지하게 하는 가치와 신념을 적어보세요.

❹ 우리나라에 대한 이미지 형성에 영향을 미친 사건, 뉴스는 무엇인가요?

❺ 세계 속의 새로운 대한민국의 모습을 적어보세요.

❻ 세계 속의 한국에 대한 새로운 이미지를 표현해보세요.

❼ 한국의 새로운 이미지를 형성하고 유지하기 위한 가치와 신념을 적어보세요.

❽ 이미지 변화에 필요한 메시지, 활동을 적어보세요.

지구의 축을 바꾼 9살 꼬마

　북극곰을 사랑하던 평범한 어린이가 지구 온난화로 인해 북극곰이 죽어가는 모습을 더 이상 보고만 있는 것은 범죄라고 생각하였습니다. 그리고 아이는 세상을 변화시킬 따뜻한 꿈을 꿉니다. 나무 100만 그루를 심어 지구 온난화의 주범인 이산화탄소(CO_2)를 먹어 치우도록 해야겠다고 생각한겁니다. 어른들은 그 아이의 말을 비웃었습니다. 하지만 아이는 자신의 말에 귀기울여줄 친구들을 찾았고 자신과 함께할 친구들을 모았습니다. 아이의 말을 들은 친구들의 반응은 폭발적이었습니다. 친구들은 마치 기다렸다는 듯이 앞장을 서서 나아갔습니다. 놀라운 일이 벌어지기 시작했습니다. 이들의 활동이 어린이들 사이에서 입소문을 타기 시작하면서 독일 전역으로 유행처럼 퍼져나가기 시작한 것입니다. 3년 뒤 50만 그루의 나무가 어린이들에 의해 심어졌습니다. 어른들은 그제서야 꼬마 아이의 꿈에 대해 관심을 가지기 시작했습니다. 그 꼬마 아이의 이름은 펠릭스 입니다. 마침내 UN에까지 초대된 펠릭스는 어른들을 향하여 다음과 같이 연설을 합니다.

　"어린이들도 알고 있습니다. 어른들은 이미 이 환경위기에 관한 모든 것을 알고 있단 사실을 말입니다. 우리들은 이해를 못하겠습니다. 왜 이렇게 방관을 하고 있습니까? 이제는 어린이와 어른이 함께해야 할 시간입니다. 우리들 모두 힘을 모을 수 있습니다. 노인과 젊은이, 부자들과 가난한 사람이 다함께! 힘을 모을 수 있습니다. 우리는 '1조 그루의 나무'를 심을 수 있습니다. 지금부터라도 '1조 그루의 나무 심기'를 시작해야 합니다."

　전 세계가 펠릭스의 '나무심기 캠페인'에 동참하기 시작했습니다. 한국도 세계에서 7번 째로 많이 참여하고 있습니다. 이 캠페인으로 지금까지 150억 그루의 나무가 지구에 심어졌습니다. 북극곰을 구하겠다는 꼬마의 꿈은 세상을 향해 이렇게 말하고 있습니다. "북극곰이 죽어가고 있습니다. 나무를 심으세요." 하고 말입니다.

'우리는 차이를 만들 수 있습니다.
그리고 절대 잊지마세요.
모기 한마리는 코뿔소에게 아무 것도 할 수 없습니다.
그러나 수천 마리의 모기는 코뿔소의 길을 바꿀 수 있음을.'

편저자

안만호 한국청소년인성진흥협의회 사무총장
오순옥 한국청소년인성진흥협의회 운영본부장
박점식 한국청소년인성진흥협의회 서울대표
정득진 한양사이버대학교 교수
김향란 서울지방경찰청 경감
권태남 누리나래교육원 교수
전준성 청소년 사이버퍼실리테이터
양혜진 전주 서곡중 교사
박승오 교육을 디자인하다! 라인플러스 대표
안창호 두중라무역 대표
안중근 청소년퍼실리테이터
박은지 주니어퍼실리테이터
조홍범 누리나래교육원 원장
정철우 누리나래아카데미 원장
강선자 쉐프마딘 대표
이정일 주니어퍼실리테이터
최연경 파티쉐요리학원 교사
이진우 노아에이티에스 금융 시스템 컨설턴트
김영근 살림&세움연구소 소장
이문갑 (주)빛고을인재교육개발원 교육이사
이형우 브니엘연구소 소장
이홍미 오두막상담연구소 소장
구기완 미라클웨이브상담소 소장
선정선 광주산수초등학교 교장
윤성희 송정중앙초등학교 교장

교열교정
문성안

청소년 퍼실리테이션

인성

발행일 2021년 3월 25일(1판 1쇄)

지은이 안만호 외

펴낸이 한국청소년인성진흥협의회회편

펴낸곳 둘셋손잡고

등록 2019년 5월 24일 제 353-2019-000010호

주소 인천광역시 남동구 문화서로 65번길 10-5 1층(구월동)

이메일 seunglee1218@nate.com

대표전화 032-421-1311

정가 15,000원

ISBN 979-11-968161-9-3-43120